U0634300

成长中的 智慧与哲理

邹 舟　赵　健◎主编

陕西新华出版

太白文艺出版社·西安

图书在版编目（CIP）数据

成长中的智慧与哲理 / 邹舟，赵健主编. -- 西安：
太白文艺出版社，2010.1（2024.5重印）
ISBN 978-7-80680-799-6

Ⅰ．①成… Ⅱ．①邹… ②赵… Ⅲ．①人生哲学－青
少年读物 Ⅳ．①B821-49

中国版本图书馆CIP数据核字(2010)第009057号

成长中的智慧与哲理
CHENGZHANG ZHONG DE ZHIHUI YU ZHELI

主　　编　　邹　舟　赵　健
责任编辑　　王大伟　荆红娟　张　笛
封面设计　　梁　宇
版式设计　　刘兴福
出版发行　　太白文艺出版社
经　　销　　新华书店
印　　刷　　三河市嵩川印刷有限公司
开　　本　　700mm×960mm　1/16
字　　数　　200千字
印　　张　　13
版　　次　　2010年1月第1版
印　　次　　2024年5月第6次印刷
书　　号　　ISBN 978-7-80680-799-6
定　　价　　49.80元

前　言

　　故事是孩子成长过程中的精神动力，是孩子认识生活的一面镜子，是孩子走向社会的指路明灯。

　　一个好的故事，不仅能激发孩子的阅读兴趣，甚至会影响孩子的一生。

　　在物质生活上，现在大多数的孩子是幸福的；可是，在精神生活上，很多孩子并不快乐。一方面，人生不可能一帆风顺，都会遭遇一些困难和问题；另一方面，孩子在学习上的压力也越来越大。在这种情况下，孩子还不够健全的心理就需要智慧的点拨，还不够强大的"负压"能力就需要有益的补助。而解决这个问题的关键，便需要孩子激发出最大的潜力。

　　如何让孩子激发出最大潜力呢？

　　处在成长期的孩子大多愿意自己选择喜爱的读物，那些蕴涵着成长智慧的哲理故事，最能引发他们对生活的思考。事实证明，给孩子讲一小时的大道理，不如让孩子读一个一分钟的小故事。

　　正是基于这个原因，我们精心编撰了《成长中的智慧与哲理》这本书。本书从对自我的认识、梦想与信念、做事与学习、解决问题的方法等多个方面，讲述了影响孩子一生成长的哲理故事。

　　滴水藏海，小中见大。故事虽小，却足以开启封闭的心门。愿书中这些珍贵的小故事，为孩子点亮一盏心灯，创造属于自己的光辉未来。

CONTENTS
目 录

第二章　没有什么不可能

第三章　优秀是一种习惯

第四章 始终拥有一颗坚强不屈的心——关于梦想和信念

目录

第五章 石头远没有你想象的那么大——做事的学问

第六章　驴子是如何走出枯井的——解决问题的智慧

成长
中的智慧与哲理

第七章　心才是成败的关键——成功的资本

第八章　学习是一种能力

第九章　拥有一颗感恩的心

第十章　不要被困难吓着

成长
中的智慧与哲理

第十一章　行动从此刻开始

第一章

给梦想插上翅膀

为什么海鸥能够飞越大海

有个孩子对一个问题一直想不通：为什么他的同桌想考第一时一下子就考了第一，而自己想考第一却才考了全班第21名？

回家后他问道："妈妈，我是不是比别人笨？我觉得我和他一样听老师的话，一样认真地做作业，可是，为什么我总比他落后？"妈妈听了儿子的话，感觉到儿子开始有自尊心了，而这种自尊心正在被学校的排名伤害着。她望着儿子，没有回答，因为她不知该怎样回答。

又一次考试后，孩子考了第16名，而他的同桌还是第一名。回家后，儿子又问了同样的问题。她真想说，人的智力确实有三六九等，考第一的人，脑子就是比一般人的灵。然而这样的回答，难道是孩子真想知道的答案吗？她庆幸自己没说出口。

应该怎样回答儿子的问题呢？有几次，她真想重复那几句被上万个父母重复了上万次的话——你太贪玩了；你在学习上还不够勤奋；和别人比起来还不够努力……以此来搪塞儿子。然而，像她儿子这样脑袋不够聪明、在班上成绩不甚突出的孩子，平时活得还不够辛苦吗？所以她没有那么做，她想为儿子的问题找到一个完美的答案。

儿子小学毕业了,虽然他比过去更加刻苦,但依然没赶上他的同桌,不过与过去相比,他的成绩一直在提高。为了对儿子的进步表示赞赏,她带他去看了一次大海。就是在这次旅行中,这位母亲回答了儿子的问题。

母亲和儿子坐在沙滩上,她指着海面对儿子说:"你看那些在海边争食的鸟儿,当海浪打来的时候,小灰雀总能迅速地起飞,它们拍打两三下翅膀就升入了天空;而海鸥总显得非常笨拙,它们从沙滩飞入天空总要很长时间,然而,真正能飞越大海横过大洋的还是它们。"

在人生的旅程中,人能否取得成功,不在天分的高低,而在谁为梦想洒下更多的汗水;不取决于奔跑的速度,而是看谁能够坚持到底。

永远都要坐在最前排

20 世纪 30 年代,英国一个不出名的小镇里,有一个叫玛格丽特的小姑娘,自小就受到严格的家庭教育。父亲经常对她说:"孩子,永远都要坐在前排。"父亲极力向她灌输这样的观点:无论做什么事情都要力争一流,永远走在别人前头,而不能落后于人:"即使是坐公共汽车,你也要永远坐在前排。"父亲从来不允许她说"我不能"或者"太难了"之类的话。对年幼的孩子来说,他的要求可能太高了,但他的教育在以后的年代里被证明是非常宝贵的。正是因为从小就受到父亲的"残酷"教育,才培养了玛格丽特积极向上的决心和信心。在以后的学习、生活和工作中,她时时牢记父亲的教导,总是抱着一往无前的精神和必胜的信念,尽自己最大的努力克服一切困难,做好每一件事情,事事必争一流,以自己的行动实践着"永远坐在前排"的教导。

玛格丽特在学校里永远是最勤奋的学生,是学生中的佼佼者。她以出类拔萃的成绩，顺利地升入当时像她那样出身的学生绝少奢望进入的文法中学。

在玛格丽特满 17 岁的时候，她开始明确了自己的人生追求——从政。然而，那个时候，进入英国政坛要有一定的党派背景。她出生于保守党派氛围的家庭，要想从政，还必须要有正式的保守党关系，而当时的牛津大学就是保守党员最大俱乐部的所在地。由于她从小受化学老师影响很大，同时又想到，大学学习化学专业的女孩子比其他

任何学科都少得多，如果选择其他的文科专业，竞争就会很激烈。

于是，一天，她终于勇敢地走进校长吉利斯小姐的办公室,说:"校长,我想现在就去考牛津大学的萨默维尔学院。"

女校长难以置信,说:"什么? 你是不是欠缺考虑? 你现在连一节课的拉丁语都没学过,怎么去考牛津? "

"拉丁语我可以学习掌握! "

"你才 17 岁,而且你还差一年才能毕业,你必须毕业后再考虑这件事。"

"我可以申请跳级! "

"绝对不可能,而且,我也不会同意。"

"你在阻挠我实现理想! "玛格丽特头也不回地冲出校长办公室。

回家后,她取得了父亲的支持,就此开始了艰苦的复习、备考工作。在提前几个月得到了高年级学校的合格证书后,她参加了大学考试,并

如愿以偿地收到了牛津大学萨默维尔学院的入学通知书。于是,玛格丽特离开家乡到牛津大学去了。

上大学时,学校要求学5年的拉丁文课程,她凭着自己顽强的毅力和拼搏精神,在1年内全部学完了,并取得了相当优异的成绩。其实,玛格丽特不光是学业上出类拔萃,在体育、音乐、演讲及学校活动方面也颇赋才能。所以,她所在学校的校长也这样评价她说:"她无疑是我们建校以来最优秀的学生,她总是雄心勃勃,每件事情都做得很出色。"

40多年以后,这个当年对人生理想孜孜以求的姑娘终于得偿所愿,成为英国乃至整个欧洲政坛上一颗耀眼的明星。她就是连续4年当选保守党党魁,并于1979年成为英国第一位女首相,雄踞政坛长达11年之久,被世界政坛誉为"铁娘子"的玛格丽特·撒切尔夫人。

自信地朝你想去的方向前进,过你想过的生活!自信的激励会让人生的法则变得简单,孤独者将不再孤独,贫穷者将不再贫穷,脆弱者将不再脆弱。

 未来由自己掌握

科罗拉多大学法学院院长决定,秋季开学后,希尔曼不能再回去上课了,原因是他的成绩太差。

希尔曼的父亲与法学院院长爱德华·金取得了联系,但这没能改变那个决定。金院长说:"希尔曼是个非常好的青年人,但他不可能成为一名律师。他最好去找其他职业。我建议他留在他周末打工的那个食品杂货店里。"

希尔曼给院长去了信,申请重读,但杳无音信。

希尔曼感到心烦意乱。在重大事情上,他从未真正受过挫折。高中时他是个优秀的学生,也是一个非常棒的足球运动员。不费吹灰之力,他就进入了坐落在博耳德市的科罗拉多大学,并正式被该学校最负盛名的法学院录取。

希尔曼的父亲只有高小文化,他当了40多年铁路邮局办事员。但他热爱学习,同时他知道儿子极想成为一名律师。他建议希尔曼考虑一下威斯敏斯特法律学院,那儿开设晚上课程。

父亲的建议切合实际,同时又强烈地挫伤了希尔曼的自尊。科罗拉多大学是一扇通向法官宝座和大律师事务所的大门;而威斯敏斯特则是一所穷人学校,没有享受终身职位的教授,也没有法律权威评论,其学生白天都在打工。

但是,希尔曼最终还是去见了威斯敏斯特学院院长克里福特·米尔斯。

米尔斯看了一下希尔曼的大学成绩报告单,直率地说:"在博耳德你突出的是体育课、西班牙语课和你的学生组织能力。"

他说得不错。希尔曼好不容易进了大学,却没承担起大学生应尽的义务,缺乏良好的学习习惯,这些终使他自食其果。

米尔斯院长允许希尔曼在威斯敏斯特学院注册入学;但有一个条件,他得重修一年级的所有课程。院长说:"我将时刻监督你。"

一扇门关闭了,但别的门向希尔曼敞开了。

因为这是第二次机会,希尔曼加倍努力地学习,并且对法律证据产生了浓厚兴趣。

第二年,教希尔曼一门课程的教授过世了,希尔曼应邀接任了他的课程——证据研究。后来,这成了希尔曼的终生专长。

28 岁那年,希尔曼成了丹佛市最年轻的乡村法官;而后,当选了地方法院法官;接着被总统任命为美国联邦司法部地方法院法官。后来,他获得了科罗拉多大学颁发的乔治·诺林奖以及授予他的名誉法学博士学位。

与生活中极为重要的事情失之交臂是常有的事,无论是一份工作、一个梦想还是一段友情。希尔曼被法学院勒令退学一事,坚定了他成为一名好法官的决心。通过艰苦的努力,他实现了自己的理想。

生活中存在无法预测的岔道,因此,你无法料想到未来。但是你可以做到,把握未来而不被失败所摧垮,不任由别人在你实现理想的道路上设置限制。

 ## 要有实现梦想的耐心

从前,有一座美丽的芒果园,园中结满成熟的果实。一群猴子从树上经过,看见芒果,就进入果园。它们摘下芒果,咬过几口便不耐烦地丢下,又去摘下一个。

突然,一只猴子尖叫起来,原来它被一块大石头打中了。猴子们回过头,发现园丁们正向它们扔石头。它们慌忙逃进附近的森林中,等园丁们离开,又立刻返回。但是它们刚刚开始吃芒果,石头便再次雨点般地向它们打来,猴子们只得逃走。

这样的情景一次又一次地再现。最后,大多数猴子受了伤。于是,猴王召集众猴开会。"我受够了!"它说,"我们来自神猴哈努曼的高贵血统,竟然为了几个果子被打成这样，实在不成体统。你们有什么办法吗？"最聪明的一只猴子说："我们应当拥有自己的芒果树，那样就能太太平平地吃果子了。我听说芒果树来自芒果中的种子，人类把种子埋到地里，芒果树就会长出来。我们可以偷一只芒果，把种子埋到地里，种出我们自己的树。"

猴子们一致认为这是个好主意，于是它们派出最灵活的一只猴子回到果园。它躲开园丁的几块石头，摘下一颗硕大的芒果，带着它奔回森林。

猴子们挖了一个坑，放进种子，盖上土。然后它们围坐在坑的周围，目不转睛地盯着树坑，期待着树长出来。10分钟过去了，树没长出来。一些小猴子们坐不住了，偷偷地溜走。接着，一些大猴子也溜走了。最后，猴王喝道："都回来！你们要去哪儿？""我们不想等下去了。果园里有那么多芒果可吃。""你们不明白吗？吃别人的果子是没有前途的，我们必须有自己的树。我确信它很快会长出来。"于是，猴子们等了整整一天，但是什么也没发生。第二天过去了，还是什么也没发生。"等这么长时间是不正常的！"一只猴子说，"把它挖出来，看看出了什么问题。""耐心点。"猴王说。第三天过去了，还是什么也没发生。全体猴子一齐求猴王让它们把种子挖出来，看看发生了什么。最后猴王同意了，猴子们挖下去，种子露了出来，但是它们把刚刚萌发的细芽弄断了。

"你们看见了，孩子们！"猴王说，"愿望不会一夜成真。我们有拥有一棵树的梦想,已有了种子,却没有实现梦想的耐心。"

成就任何伟业都需要耐心。等待的过程往往是漫长的,有些时候会充满痛苦。只有甘于寂寞,才能够迎来梦想实现的那一天。

有了愿望的石头

一位名叫希瓦勒的乡村邮递员,每天徒步奔走在各个村庄之间。有一天,他在崎岖的山路上被一块石头绊倒了。

他发现,绊倒他的那块石头样子十分奇特。他捡起那块石头,左看右看,有些爱不释手。

于是,他把那块石头放进自己的邮包里。村子里的人们看到他的邮包里除了信件之外,还有一块沉重的石头,都感到很奇怪,便好意地对他说:"把它扔了吧,你还要走那么多路,这可是一个不小的负担。"

他取出那块石头，炫耀地说："你们看，有谁见过这样美丽的石头？"

人们都笑了："这样的石头山上到处都是，够你捡一辈子的。"

回到家里，他突然产生一个念头，如果用这些美丽的石头建造一座城堡，那将会多么美丽啊！

后来，他每天都会在送信的途中找几块好看的石头捎上。不久，他便收集了一大堆，但离建造城堡的数量还远远不够。

于是，他开始推着独轮车送信，只要发现中意的石头，就会装上独轮车。

此后，他再也没有过上一天安闲的日子。白天他是一个邮差和一个运输石头的苦力，晚上他又是一个建筑师。他按照自己天马行空的想象来构造自己的城堡。

所有的人都感到不可思议，认为他的大脑出了问题。

20多年以后，在他住的偏僻的地方，出现了许多错落有致的城堡，有清真寺式的、有印度神教式的、有基督教式的……当地人都知道有这样一个性格偏执、沉默不语的邮差，在干一些如同小孩建筑沙堡的游戏。

1903年，法国一家报社的记者偶然发现了这群城堡，这里的风景和城堡的建造格局令他慨叹不已，因此写了一篇介绍希瓦勒的文章。文章刊出后，希瓦勒迅速成为新闻人物。许多人慕名前来参观，连当时最有声望的大师级人物毕加索也专程来参观了他的建筑。

现在，这群城堡已成为法国最著名的风景旅游点之一，它的名字就叫作"邮递员希瓦勒之理想宫"。在城堡的石块上，希瓦勒当年刻下的一些话还清晰可见。

有一句就刻在入口处的一块石头上："我想知道一块有了愿望的石头能走多远。"

据说，那块石头就是当年那块绊倒希瓦勒的石头。

人的理想是了不起的，只要专注于某项事业，就一定会做出使自己都感到吃惊的成绩来。

每天进步一点点

1983 年，伯森·汉姆徒手攀壁，登上纽约的帝国大厦，在创造了吉尼斯纪录的同时，也赢得了"蜘蛛人"的称号。

美国恐高症康复联席会得知这一消息后，致电"蜘蛛人"汉姆，打算聘请他担任康复协会的顾问。

伯森·汉姆接到聘书后，打电话给联席会主席诺曼斯，要他查一查第1042 号会员，这位会员很快被查了出来，他的名字叫伯森·汉姆。原来他们要聘作顾问的这位"蜘蛛人"，本身就是一位恐高症患者。

诺曼斯对此大为惊讶，一个站在一楼阳台上都心跳加快的人，竟然能徒手攀上 400 多米高的大楼，他决定亲自去拜访一下伯森·汉姆。

诺曼斯来到费城郊外的伯森住所，这儿正在举行一个庆祝会，十几名记者正围着一位老太太拍照采访。

原来伯森·汉姆 94 岁的曾祖母听说汉姆创造了吉尼斯纪录，特意从 100 公里外的慕拉斯堡罗徒步赶来，她想以这一行动为汉姆的纪录添彩。谁知这一异想天开的做法，无意间竟创造了一个耄耋老

人徒步百里的世界纪录。

《纽约时报》的一位记者问她，当你打算徒步而来的时候，你是否因年龄关系而动摇过？老太太精神矍铄地说，小伙子，打算一口气跑100公里也许需要勇气，但是走一步路是不需要勇气的，只要你走一步，接着再走一步，然后再一步，100公里也就走完了。

恐高症康复联席会主席诺曼斯站在一旁，一下子明白了伯森·汉姆登上帝国大厦的奥秘："伯森·汉姆害怕400多米的高度，但他并不怕每一步的高度。"

也许我们没有能力一次取得很大的成功，但我们可以积累无数个小成功。这无数个小小的成功累加起来，一定大得令我们惊奇。

 ## 为了一双合脚的鞋

那时候，他还是一个小男生，像雨后春笋般茁壮成长。望着儿子不断向上蹿的身材和同样"疯长"的一副大脚板，父母更多的是犯愁——到哪里去给他找一双合脚的鞋呢？

当时，父母为了能给他买到一双合脚的特大号鞋，几乎转遍了上海的大街小巷，但也常常是失望而归。于是，这位身材高大的少年饱尝了"穿小鞋"的滋味。有一回，父母咬咬牙，花费了近100美元，托一位远在美国的亲友为他邮购来一双耐克牌球鞋。对于并不宽裕的家境而言，这双价值不菲的耐克鞋简直是奢侈品。因此，他如获至宝，倍加珍惜。后来，这双鞋被穿得又破又烂，他也一直舍不得丢弃。

后来，他凭着超人的身高优势进入东方男篮俱乐部打球。当时该队获得了耐克公司的赞助，但赞助的对象只限于一线队员。于是，还只是集训选手身份的他便暗下决心:一定要努力训练,一定要打进一队,只要进了一队,就不愁没鞋穿,也就免得让父母再为自己犯难了。他就是当今全球华人引以为荣的篮球明

星——姚明。不是为了拿冠军,更不是为了加盟 NBA,当初他一切的努力,只是为了拥有一双合脚的鞋。

远大的目标一定是由很多细小的目标组成的。采取积极的行动,逐渐实现小目标,成功就会离你越来越近。

 ## 放大自己的优点

一个穷困潦倒的青年,流浪到巴黎,期望父亲的朋友能帮自己找一份谋生的差事。

"数学精通吗?"父亲的朋友问他。

青年羞涩地摇头。

"历史、地理怎么样?"青年还是不好意思地摇头。

"那法律呢?"青年窘迫地垂下头。

"会计怎么样?"

父亲的朋友接连地发问,青年都只能摇头告诉对方——自己似乎一无所长,连丝毫的优点也找不出来。

"那你先把自己的住址写下来,我总得帮你找一份事做呀。"

青年羞愧地写下了自己的住址,急忙转身要走,却被父亲的朋友一把拉住了:"年轻人,你的名字写得很漂亮嘛,这就是你的优点啊,你不该只满足找一份糊口的工作。"

把名字写好也算一个优点?青年在对方眼里看到了肯定的答案。

哦,我能把名字写得叫人称赞,那我就能把字写漂亮,能把字写漂亮,我就能把文章写得好看……受到鼓励的青年,一点点地放大着自己的优点,兴奋得他脚步立刻轻松起来。

数年后,青年果然写出享誉世界的经典作品。他就是家喻户晓的法国18世纪著名作家大仲马。

世间许多平凡之辈,都拥有一些诸如"能把名字写好"这类小小的优点,但由于自卑等原因常常被忽略了,更不要说是一点点地放大它了,这实在是人生的遗憾。须知:每个平淡无奇的生命中,都蕴藏着一座丰富金矿,只要肯挖掘,哪怕仅仅是微乎其微的一丝优点的暗示,沿着它也会挖出令自己都惊讶不已的宝藏……

道理是再简单不过了——许多成功,都源于找到了自身的优点,并努力地将其放大,放大成超越自己和他人的明显优势……

道理是再简单不过了——许多成功,都源于找到了自身的优点,并努力地将其放大,放大成超越自己和他人的明显优势……

盖茨带的是哪把钥匙

2001 年 5 月,美国内华达州的麦迪逊中学在入学考试时出了这么一个题目:比尔·盖茨的办公桌上有 5 只带锁的抽屉,分别贴着财富、兴趣、幸福、荣誉、成功 5 个标签;盖茨总是只带一把钥匙,而把其他的 4 把锁在抽屉里,请问盖茨带的是哪一把钥匙? 其他的 4 把锁在哪一只或哪几只抽屉里?

一位刚移民美国的外国学生,恰巧赶上这场考试,看到这个题目后,一下慌了手脚,因为他不知道它到底是一道英文题还是一道数学题。考试结束,他去问他的担保人——该校的一名理事。理事告诉他,那是一道智能测试题,内容不在书本上,也没有标准答案,每个人都可根据自己的理解自由地回答,但是老师有权根据他的观点给一个分数。

外国学生在这道 9 分的题上得了 5 分。老师认为,他没答一个字,至少说明他是诚实的,凭这一点应该给一半以上的分数。让他不能理解的是,他的同桌回答了这个题目,却仅得了 1 分。同桌的答案是,盖茨带的是财富抽屉上的钥匙,其他的钥匙都锁在这只抽屉里。

后来，这道题通过 E-mail 被发回了这位外国学生原来所在的国家。这位学生在邮件中对同学说，现在我已知道盖茨带的是哪一把钥匙，凡是回答这把钥匙的，都得到了这位大富豪的肯定和赞赏，你们是否愿意测试一下，说不定从中还会得到一些启发。

同学们到底给出了多少种答案，我们不得而知。但是，据说有一位聪明的同学登上了美国麦迪逊中学的网页，他在该网页上发出了比尔·盖茨给该校的回函。函件上写着这么一句话：在你最感兴趣的事物上，隐藏着你人生的秘密。

有些人追求的目标很多。当你必须做出唯一选择的时候，自己的兴趣往往比名利更重要！

把水烧开的哲学

一个青年满怀烦恼地去找一位智者，他大学毕业后曾豪情万丈地为自己树立了许多目标，可是几年下来，依然一事无成。他找到智者时，智者正在河边小屋子里读书，他微笑着听完青年的倾述，对他说："来，你先帮我烧壶开水！"

青年看见墙角放着一把极大的水壶，旁边是一个小火灶，可是没发现柴火，便出去找。他在外面拾了一些枯枝回来，装满一壶水放在灶上，在灶内放了些柴火便烧了起来。可是由于壶太大，那捆柴火烧尽，水也没开。于是他跑出去继续找柴火，等找到了足够的柴火回来，那壶水已凉得差不多了。这回他学聪明了，没有急于点火，而是再次出去找了些柴火。由于柴火准备得足，水不一会儿就烧开了。

智者忽然问他："如果没有足够的柴火，你该怎样把水烧开？"

青年想了一会儿，摇摇头。智者说："如果那样，就把壶里的水倒掉一些！"

青年若有所思地点了点头，智者接着说："你一开始踌躇满志，树立了太多的目标，就像这个大壶装的水太多一样，而你又没有足够多的柴火，不能把水烧开。你或者倒出一些水，或者先去准备柴火！"

青年心下大悟。回去后他把计划中所列的目标画掉了许多，只留下最近的几个，同时利用业余时间学习各种专业知识，几年后，他的目标基本上都实现了。

只有删繁就简，从最近的目标开始，才会一步步走向成功。万事挂怀，只会是半途而废。所以，只有我们不断地捡拾那些"柴火"，才能使人生逐渐加温，最终才会让生命沸腾！

只有删繁就简，从最近的目标开始，梦想才会慢慢得以实现。

 小狮子学艺

森林之王狮子有了一个儿子。当小狮子刚满一岁时，狮王便开始认真考虑它的教育问题：不能让儿子愚昧无知，更不能让它玷污王室的名声。

于是,狮王开始为小狮子选择老师。一开始,它想把小狮子托付给狐狸。狐狸聪明伶俐;但是,狐狸撒谎的本领天下第一,它的学问非帝王所需要。

那么鼹鼠呢?鼹鼠做任何事都非常小心谨慎,亲力亲为;但是它目光短浅,拘泥于小节,也不适合。

豹子怎样呢?豹子勇猛有力,而且是出色的军事家;不过豹子不懂得政治,它只会厮杀,不配做王储老师。

即使林中大伙尊敬的大象,狮王还嫌它不够聪明……

总之,狮王挑遍了它的手下,都没找到一个中意的。

此时,老鹰知道了狮王的烦恼。老鹰是鸟国的国王,同狮王的关系亲密友好,便自告奋勇培养小狮子。狮王如释重负,王子拜一个国王为师,看起来再好不过了!于是,便把小狮子送去学习了。

一晃两年过去了,不论问谁,林中的百鸟对小狮子都是赞不绝口。狮王派人把小狮子接回来了,并把所有的臣民全都召集起来。

狮王与小狮子亲吻、拥抱,并问它:"亲爱的儿子,你是我唯一的继承人,我将把百兽交给你治理。你现在来说说这两年,你都学到了什么啊?"

狮子从容不迫地回答道:"亲爱的父王,我懂得了很多这里谁也不懂的事情。从鹰王到鹌鹑,各有其栖息之处,谁有何需求,谁是怎么孵卵,他们的生活习性我全清楚。你看,这是我的毕业证书,百鸟都夸奖我,如果您把王位传给我,我立即教大家如何筑巢。"

百兽听了个个垂头丧气,个个叹息。老狮王这才醒悟过来,原来小狮子学的都是些没用的东西啊！

学习一定要有自己明确的目的，选择那些适合自己的内容和方法。否则，就会误入歧途，劳而无功，白白浪费大好时光。

 ## 女孩美丽的梦

一个女孩在清晨拿着挤好的牛奶到街上去卖。

在这之前女孩已经去街上卖过很多次牛奶了，所以对于上街的路线、市场的地点，以及如何卖个好价钱都相当清楚。她和以往一样，把牛奶罐顶在头上，走在通往市街的路上。

天空晴朗，凉风轻柔地吹拂着面颊，女孩却对这一切无动于衷。她的心早就飞到了繁华热闹的大街上，满脑子想的都是卖完牛奶后的打算。那时候，她的手上会有一笔钱，往常她总会在卖完牛奶后到市场上买各种各样的小东西，这是女孩私下最大的乐趣。

一想到那些形状特别的水果、香甜可口的甜点，还有色彩鲜亮的布料，女孩就开心无比。她想象着在市场上闲逛的轻松自在，心里快活极了，这可是她那些居住在乡村里的伙伴们无法享受到的。

　　"对了，甜点铺的隔壁有卖漂亮的围巾。今天去那里瞧一瞧，或许会找到花色美妙的围巾。围上那条围巾到街上的广场走一走，别人肯定认为我是城市出身的女孩或者是好家庭出身的女孩。也许会有人跟我搭讪，那时候该怎么办？如果那个人长得不怎么样，我就只报以浅浅的微笑，婉言拒绝。如果那个人很英俊，家世看来也不错，我要怎么办呢？如果那个人问我要不要参加今天晚上的舞会，还伸出手来邀请，我又怎么办呢？在那样的情况下，我即使想接受，也要先隔一点时间，然后嫣然一笑，给予答复。我必须做出千金小姐的模样，稍微屈膝，点头致意才行……"

　　好像自己的面前就有一个绅士邀请她跳舞似的，女孩稍稍屈膝，伸出一只手，垂下眼睛致意。这下子糟了，头上的牛奶罐掉到地上摔破了。

　　为了某种人生，除了要设定不同时期的目标之外，最重要的是，要踏踏实实地去努力，做好每一个环节。

第二章

没有什么不可能

每个孩子都是天才

著名心理学家到一所普通学校听课,班主任问他:"先生,您能不能挑出班上最有前途的学生?"

"当然可以。"心理学家爽快地答应了,然后毫不迟疑地指着一个学生说:"就是你!"被点到的孩子眼睛一亮,兴奋之情溢于言表,飞奔回家告诉父母:"爸爸,妈妈,好消息,心理学家说我是最有前途的孩子!"

母亲听完孩子的话后,欣喜若狂,仿佛孩子一下子变成了天才。从此,这个孩子不断受到同学的羡慕、老师的关怀、家长的夸奖。他找到了天才的感觉,成绩不断刷新,智力水平也飞速地提高。

一年后,心理学家再次访问该校,问:"那个孩子的情况怎么样?"

班主任回答:"好极了!"接着她又向心理学家请教道,"先生,我感到很惊讶,您来之前他只是一个普普通通的学生,可经您一说,马上就变了。请问您的眼力为什么这么好,判断得如此准确?"心理学家微笑着说:

"因为每一个孩子都是天才,他们缺少的只是自信而已!"

首先要有自信,然后全力以赴。假如一个人有坚定的信心,任何事情几乎都会成功。

我只看我拥有的

安妮是一位从小就患脑性麻痹的女孩。她没有肢体平衡感,缺乏发声能力,基本不会说话。而且,由于长期受疾病困扰,举止极为不方便、不得体。她有时会挥舞着她的双手;有时仰着头,脖子伸得好长好长;偶尔,她口中也会咿咿呀呀,不知在说些什么;她的听力很好,只要对方猜中并且说出她的意思,她就会乐得大叫一声,伸出右手,用两个指头指着你,或者拍着手,甚至会歪歪斜斜地向你走来,送你一张她用自己的画制成的明信片。

这样的女

孩,她的成长必然充满艰辛。谁能想象得到在这种情况下,她依然保持一颗自信的心,凭借自己的奋斗,获得了美国普林斯顿大学的艺术博士学位呢?

一次,有一个学生小声问她:"请问安妮博士,你从小就长成这个样子,你怎么看你自己?你没有过怨恨吗?"

安妮用粉笔在黑板上重重地写下了这样几个字——我怎么看自己。然后停下笔来,歪着头,回头看了看那位发问的同学,她嫣然一笑,又回过头来,在黑板上龙飞凤舞地写下了以下的内容:

1. 我好可爱!

2. 我的腿很美!

3. 爸爸妈妈这么爱我!

4. 上帝这么爱我!

5. 我会画画!我会写稿!

6. 我有只可爱的猫!

7. 还有……

教室里立刻一片寂静,鸦雀无声,再没有人讲话。她坚定地看着大家,最后在黑板上写下了她的结论——我只看我所有的,不看我所没有的。

掌声马上响起。安妮则倾斜着身子站在台上,满足地微笑着,她的脸上呈现出一种永远不被命运击败的自信。

乐观的人就是这样看待生活和问题的,他们目光总瞄向前方,他们相信自己,相信自己能主宰一切,包括快乐和痛苦。

 # 一个黑色的气球

美国著名心理医生基恩博士常跟病人讲起自己小时候经历过的改变他一生的经历：

一天，几个白人小孩正在公园里玩。这时，一位卖气球的老人推着货车进了公园。白人小孩一窝蜂地跑了过去，每人买了一个气球，兴高采烈地追逐着放飞的气球跑开了。白人小孩的身影消失后，基恩——是一个黑人小孩，他怯生生地走到老人的货车旁，用略带恳求的语气问道："您能卖给我一个气球吗？"

"当然可以，"老人慈祥地打量了他一下，温和地说，"你想要什么颜色的？"

他鼓起勇气说："我要一个黑色的。"

脸上写满沧桑的老人惊诧地看了看这个黑人小孩，随后递给了他一个黑色的气球。

他开心地接过气球，小手一松，气球在微风中冉冉升起。

老人一边看着上升的气球，一边用手轻轻地拍了拍基恩的后脑勺，说:"记住,气球能不能升起,不是因为它的颜色、形状,而是气球内充满了氢气;一个人的成败,不是因为种族、出身,关键是你的心中有没有自信。"

这个世界是由自信心创造出来的。充分的自信,是人们取得成功的一个重要条件。

 ### 你有权决定自己的态度

一个女儿对父亲抱怨她的生活,抱怨事事都那么艰难。她不知该如何应付生活,想要自暴自弃了。她已厌倦抗争和奋斗,好像一个问题刚解决,新的问题就又出现了。

她的父亲是位厨师,他把她带进厨房。他先往三口锅里倒入一些水,然后把它们放在旺火上烧,不久锅里的水烧开了。他往一口

锅里放些胡萝卜,第二口锅里放入鸡蛋,最后一口锅里放入碾成粉状的咖啡豆。

女儿咂咂嘴,不耐烦地等待着,纳闷父亲在做什么。大约20分钟后,他把火关了,把胡萝卜捞出来放入一个碗内,把鸡蛋捞出来放入另一个碗内,然后又把咖啡舀到一个杯子里。做完这些后,他才转过身问女儿:"亲爱的,你看见什么了?"

"胡萝卜、鸡蛋、咖啡。"她回答。

他让她靠近些,并让她用手摸摸胡萝卜。她摸了摸,注意到它们变软了。

父亲又让女儿拿一枚鸡蛋并打破它。将壳剥掉后,她看到了是枚煮熟的鸡蛋。

最后,父亲让她啜饮咖啡。品尝到香浓的咖啡,女儿笑了。她怯声问道:"父亲,这意味着什么?"

父亲解释说,"这三样东西面临同样的逆境——煮沸的开水,但其反应各不相同:胡萝卜入锅之前是硬的,但进入开水后,它变软了;鸡蛋原来是易碎的,它薄薄的外壳保护着它呈液体的内脏,但是经开水一煮,它的内脏变硬了;而粉状咖啡豆则很独特,进入沸水后,它们倒改变了水。在艰难和逆境面前,你可以学胡萝卜、鸡蛋或是咖啡豆。你可以屈服,也可以使自己变得更坚强——甚至,你可以改变环境!"

本杰明·富兰克林说过一句话:"你有权决定自己对逆境的态度和自己的前途。"

你的价值取决于你自己

你究竟有多大出息,你自身有多少价值,完全取决于你到底怎样看待自己。

　　一位青年感到很困惑,他向一禅师求教。

　　"大师,有人称赞我是天才,将来必有一番作为;也有人骂我是笨蛋,一辈子不会有多大出息。依您看呢?"

　　"那你是如何看待自己的?"禅师反问。

青年摇摇头,一脸茫然。

大师说:"譬如同样一斤米,用不同眼光去看,它的价值也就迥然不同。在炊妇眼里,它不过做两三碗大米饭而已;在农民看来,它最多值1元钱罢了;在卖粽子人的眼里,包扎成粽子后,它可卖出3元钱;在制饼者看来,它能被加工成饼干,可以卖出5元钱;在味精厂家眼中,它可提炼出味精,卖8元钱;在制酒商看来,它能酿成酒,勾兑后,卖40元钱。不过,米还是那斤米。"

　　大师顿了顿,接着说:"同样一个人,有人将你抬得很高,有人把你贬得很低,其实,你就是你。你究竟有多大出息,你自身有多少价值,完全取决于你到底怎样看待自己。"

　　青年豁然开朗。

智慧箴言

　　你自身的价值,不会因为别人称赞你就会增加,也不会因为别人贬低你就会降低。其实,你就是你,不要在乎别人对你的看法。你自身的价值,完全取决于你自己。

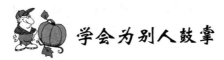 **学会为别人鼓掌**

一家非常有影响力的纺织品公司,通过一家电视台的互动节目招聘谈判代表。优越的待遇、光明的发展前景,以及电视台的全程跟踪报道吸引了众多应聘者。经过千筛万选,最后进入决赛的三个人可谓仲伯难分,但招聘公司只能聘用其中一人。为了能够选出最适合的人选,招聘公司可谓煞费苦心。考题从演播室内的唇枪舌剑一直延伸到户外互动内容,随着三名应聘者的精彩表现,录制现场的观众掌声也一次次响起。终于,所有聘试内容都结束了,现场观众开始投票,评选他们心目中的最优秀者,三名应聘者的支持率分别为 30%、40%、40%。所有的目光都集中到招聘企业代表以及就业专家的决断。气氛一下紧张起来,现场观众都屏住呼吸,等待主持人宣布最终获胜者。最终的结果却出乎很多人的意料:那名观众支持率为 30% 的应聘者成为笑到最后的人。

面对现场观众的疑问,企业代表和就业专家说出了他们的理由:"说实话,这三名应聘者都非常出色,很难分出谁的能力更强。让我们最终选择支持率最低者,是因为他有一点是另外两名应聘者所不具备的,那就

是，在整个过程中，他总会适时地为对手鼓掌。一个懂得用掌声表达对对手尊重，并表现自己风度的人，是谈判桌上最关键的素养。"

把掌声送给对手，是一种对对手的尊重，更是对自我风度的展现。知识和经验可以快速的学习和提高，鼓掌，看似简单的一个细节，却需要长久修养的沉淀。

学会鼓掌，学会用双手把尊重唱响，学会用双手把信心唱响，学会用双手把风度唱响……当能力不相上下，当争辩犬牙难分，风度的魅力或许就会成为扭转形势、赢得胜机的砝码。

心态健康的人，在为别人鼓掌，也是在给自己的生命加油。当我们没有成功时，我们应该真诚地为走向成功的人鼓掌；当我们走向成功时，更要学会为别人鼓掌。

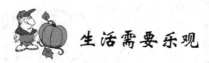

生活需要乐观

米拉奇是一个乐观者，于是，凯特决定去拜访他。

米拉奇乐呵呵地请凯特坐下，笑着听她提问。

"假如你一个朋友也没有，你还会高兴吗？"凯特问。

"当然，我会高兴地想，幸亏我没有的是朋友，而不是我自己。"

"假如你正行走间，突然掉进一个泥坑，出来后你成了一个脏兮兮的泥人，你还会快乐吗？"

"当然，我会高兴地想，幸亏掉进的是一个泥坑，而不是无底洞。"

"假如你被人莫名其妙地打了一顿，你还会高兴吗？"

"当然，我会高兴地想，幸亏我只是被打了一顿，而没有被他们杀害。"

"假如你在拔牙时，医生错拔了你的好牙而留下了患牙，你还高兴吗？"

"当然，我会高兴地想，幸亏他错拔的只是一颗牙，而不是我的内脏。"

"假如你正在犯困时，忽然来了一个人，在你面前用极难听的嗓门唱歌，你还会高兴吗？"

"当然，我会高兴地想，幸亏在这里号叫着的，是一个人，而不是一匹狼。"

"假如你马上就要失去生命，你还会高兴吗？"

"当然，我会高兴地想，我终于高高兴兴地走完了人生之路，让我随着死神，高高兴兴地去参加另一个宴会吧。"

"这么说，生活中没有什么是可以令你痛苦的，生活永远是快乐组成的一连串乐符？"

"是的，只要你愿意，你就会在生活中发现和找到快乐——痛苦往往是不请自来，而快乐和幸福往往需要人们去发现，去寻找。"米拉奇快乐地说道。

乐观者总是在做一个更坏的假设和现实相比。这种"自我欺骗"是一种思维方式，可以让你敢于面对事实的不如意，不再怨天尤人。

智慧箴言

周游全球的盲人

霍尔曼花了 50 年的时间游历全球,没有别的目的,只是为了了解那些地方。即使在拥有飞机和抗生素的今天,他的旅程也非常艰辛。但这位前海军军官说,旅途的景色异常精彩,虽然他是一个盲人。

霍尔曼从小就希望了解远处的人们有什么样的风俗和法律。12 岁时他就出门看世界。后加入了海军。他本来是一个前途无量的皇家海军上尉,但 25 岁时,一场怪病夺去了他的视力。那时盲文还没被发明出来,盲人只能只身流浪,或沦为乞丐,或做一些不体面的活计。但这些皆非霍尔曼所愿。为了治疗眼疾和疼痛难忍的风湿病,他独自前往法国南部。旅行途中,他惊奇地发现,身体感觉好多了,他意识到他不能中止旅行。虽然他的视力再也没能恢复,但是旅行时他感觉自己是健康的、有尊严的健全人。他说:"用脚我能看得更清楚。"

1822 年 7 月 19 日,36 岁的詹姆斯·霍尔曼开始环游世界。

离开英格兰之后,霍尔曼要穿越俄国,进入冰冻而荒凉的西伯利亚。然后在勘察加半岛,他搭乘捕鲸船,先抵达夏威夷,然后到达尚未开垦的北美大陆。那时的世界还不适合旅行,动荡不安,人们过着悲惨的生活,没有铁路、客船。霍尔曼横穿了西伯利亚,踏上了澳大利亚内陆和巴西的雨林,爬上了正在喷发的维苏威火山,在斯里兰卡骑着马猎象,乘坐航行在大西洋上的运奴船。霍尔曼用一种叫盲人写字框的东西记下自己的印象和经历,写成了三本书和很多没出版的笔记。到 19 世纪中期,他已经成了历史上成就最大的旅行家。通过乘船、乘坐马车、步行甚至骑马,他的行程累计达 25 万英里,远远超过马可·波罗的 14 万英里。他的足迹遍及有人烟的各个大洲,访问了数百种独特的文化。历经非洲各地、印度、太平天国时期的中国和澳大利亚。

"有志者,事竟成。"在坚强的决心和顽强的意志的支撑下,一个人能够突破很多障碍,实现原来在别人看来不可能实现的目标。

第二章
没有什么不可能

第三章

优秀是一种习惯

 # 宋庆龄小时候的故事

宋庆龄曾担任过中华人民共和国的副主席和名誉主席,她小时候的一些故事,至今还在流传。这里说的是宋庆龄上小学三年级的事。

一个风和日丽的早晨,宋庆龄一家吃过早饭,正准备到一位朋友家去做客。宋庆龄和姐姐、弟弟、妹妹都穿上了漂亮的新衣服,向大门外走去。

突然,宋庆龄站住了,皱起眉头。

"怎么了,孩子?"爸爸诧异地问。

"今天我不能去了。因为我和小珍昨天就约好了,今天上午她要来学叠花篮呢。"宋庆龄噘着小嘴说。

爸爸说:"改天再教小珍叠花篮不行吗?"

"不行不行,我跟她约好了的。"宋庆龄摇了摇头说。

"不要紧,明天见到小珍,向她解释一下不就行了。"爸爸接着说。

"爸爸,你们去吧! 我不能不讲信用,我一定要等她。"宋庆龄想了想,语气十分坚决。爸爸妈妈见宋庆龄坚决不肯和他们一道去,只好带着哥哥姐姐们走了。

宋庆龄目送爸爸妈妈他们走远了,一个人回到房间里,准备了许多小方块纸,等着小珍来叠花篮。可等呀等呀,一直等到 12 点,小珍还没有来。宋庆龄还是耐心地等着。

　　在朋友家吃罢午饭,爸爸妈妈惦记着独自在家的宋庆龄,匆匆赶回家来。

　　"小珍来了吗?"爸爸一进门,便问宋庆龄。

　　"她没有来。"宋庆龄轻声回答道。

　　爸爸惋惜地说:"早知道这样,跟我们一起去多好,一个人在家,多没意思啊。"

　　"可是,我还是觉得很快活。"宋庆龄说。

　　"为什么?"爸爸妈妈不解地看着她。

　　宋庆龄认真地说:"因为,我信守了自己的诺言。"

　　诚信是你的存款,信用是你的抵押,名誉是你的账号,承诺是你的支票,假如失去了诚信,你将会一无所有。

 ## 一个孩子不可能没有任何长处

　　有一天,一位父亲带着自认为是无可救药的孩子到心理学家那里去。那个孩子已经被严重灌输了自己没有用的观念。刚开始,他一语不发,怎样询问、启发,他也绝不开口。心理学家一时之间也真是无从着手。后来心理学家从他父亲所介绍的情况和所说的话里找到了医治的线索。他的父亲坚持着说:"这个孩子一点长处也没有,我看他是没指望,无可救药了!"

　　心理学家开始用自己的方法,找出他的长处——孩子不可能没有任何长处。他最终找到了这个孩子喜欢雕刻,甚至可以说在这方面具有聪

颖的天赋,还颇有高手的意味。他家里的家具也被他刻伤,到处是刀痕,因而常常受到惩罚。心理学家买了一套雕刻工具送给他,还送他一块上等的木料,然后教给他正确的雕刻方法,不断地鼓励他:

"孩子,你是我所认识的人当中,最会雕刻的一位。"

从此以后,他们接触得频繁起来。在接触中,慢慢地找出其他长处来承认他。有一天,这个孩子竟然不用别人吩咐,自动打扫房间。这个事情,使所有的人都吓了一跳。心理学家问他为什么这样做?

孩子回答说:"我想让老师您高兴。"

　　每一个人都拥有优点,强化这种优点,就能生发出强大的自信。

 一些伟人的成功之路

　　世界上不少成功人士在成名前都曾经或多或少、或轻或重地遭受挫折遭人白眼,以下这些赫赫有名之人成功前的种种悲戚,实在让人寻味。

电影舞星佛莱德·艾斯泰尔 1933 年到米高梅电影公司首次试镜后，在场导演给的纸上评语是："毫无演技，前额微秃，略懂跳舞。"后来艾斯泰尔将这张纸裱起来，挂在比佛利山庄的豪宅中。

美国职业足球教练文斯·伦巴迪当年曾被批评"对足球只懂皮毛，缺乏斗志"。

彼得·丹尼尔小学时，常遭老师菲利浦太太的责骂："彼得，你功课不好，脑袋不行，将来别想有什么出息！"彼得在 26 岁前仍是大字不识几个。有次一位朋友念了一篇《思考才能致富》的文章给他听，给了他相当大的

启示。现在他买下了当初他常打架闹事的街道，并且出版了一本书：《菲利浦太太，你错了》。

《小妇人》的作者露慧莎·梅艾尔卡特的家人曾希望她能找个佣人或裁缝之类的工作。

贝多芬学拉小提琴时，技术并不高明，他宁可拉他自己作的曲子，也不肯做技巧上的改善，他的老师说他绝不是个当作曲家的料。

歌剧演员卡罗素美妙的歌声享誉全球。但当初他的父母希望他能当工程师；而他的老师则说他那副嗓子是不能唱歌的。

发表《进化论》的达尔文当年决定放弃行医时，遭到父亲的斥责："你

放着正经事不干,整天只管打猎、捉狗、捉耗子的。"另外,达尔文在自传中透露:"小时候,所有的老师和长辈都认为我资质平庸,和聪明是沾不上边的。"

沃特·迪斯尼当年被报社主编以缺乏创意的理由开除,建立迪斯尼乐园前也曾破产好几次。

爱迪生小时候反应奇慢无比,老师都认为他没有学习能力。

爱因斯坦4岁才会说话,7岁才会认字,老师给他的评语是:"反应迟钝,不合群,满脑袋不切实际的幻想。"他曾遭到退学的命运,在申请苏黎世技术学院时也被拒绝。

罗丹的父亲曾怨叹自己有个白痴儿子,艺术学院考了3次还考不进去。

俄国大文豪托尔斯泰大学时因成绩太差而退学,老师认为他既没读书的头脑,又缺乏学习意愿。

亨利·福特在成功前曾多次失败,破产过5次。

丘吉尔小学六年级曾遭留级,而他的前半生也充满失败与挫折,直到62岁他当上英国首相后,才以"老人"的姿态开始一番作为。

迈克·福布斯,后来成为世界上最成功的商业发行刊物之一——《福布斯》杂志的总编辑,然而他在普林斯顿大学读书时,却与学校报刊的编辑成员无缘。

托马斯·爱迪生试验了超过2000次以上才发明灯泡,有一位年轻记者问他失败了这么多次的感想,他说:"我从未失败过一次。我发明了灯泡,而那整个发明过程刚好有2000个步骤。"

由于多年以来持续地丧失听力,德国作曲家鲁德维·范·贝多芬在46岁时终于完全成为聋人。不过,他却在晚年谱写了他作品中最好的乐章,其中包括5首交响乐。

富兰克林·D.罗斯福,在39岁时瘫痪,然而,之后他却成为美国最受爱戴以及最具影响力的领袖。他曾经4次当选美国总统。

莎拉·玛兰,是伟大的女艺人之一,当她70岁时,因为一次意外受伤而截肢,但是她仍然表演了8年之久。

成长中的智慧与哲理

1952 年,艾德蒙·希拉里想要攀登世界最高峰——珠穆朗玛峰。在他失败后数周,他被邀请到英国一个团体演讲。希拉里走到讲台边,握拳指着山峰照片大声说:"珠穆朗玛峰!你第一次打败我,但是我将在下一次打败你,因为你不可能再变高了,而我却仍在成长中!"仅仅一年以后的 5 月 29 日,艾德蒙·希拉里成为第一位成功地攀登珠穆朗玛峰的人。

弗朗西斯·培根说:"正如劣的品质可以在幸运中暴露一样,最美好的品质也正是在厄运中被显示的。"

 ## 原谅曾为难你的人

南非的民族斗士曼德拉,因为领导反对白人种族隔离政策而入狱,白人统治者把他关在荒凉的大西洋小岛罗本岛上 27 年。

罗本岛上布满岩石,到处都是海豹和毒蛇。曼德拉被关在总集中营一个"锌皮房"里,他每天早晨排队到采石场,然后被解开脚镣,下到一个很大的石灰石田地,用尖镐和铁锹挖掘石灰石。有时从冰冷的海水里捞取海带。因为曼德拉是要犯,专门看押他的看守

就有 3 人。当 1991 年曼德拉出狱当选总统以后,他在总统就职典礼上的举动震惊了世界。

总统就职仪式开始了,曼德拉起身致辞欢迎他的来宾。在介绍了来自世界各国的政要后,他说令他最高兴的是当初看守他的 3 名前狱方人员也能到场。

他邀请他们站起身,以便他能介绍给大家。曼德拉博大的胸襟和宽宏的精神,让南非那些残酷虐待了他 27 年的白人汗颜,也让所有到场的人肃然起敬。看着年迈的曼德拉缓缓站起身来,恭敬地向 3 个曾关押他的看守致敬,在场的所有来宾以至整个世界,都静下来了。

曼德拉后来向朋友们解释说,自己年轻时性子很急,脾气暴躁,正是在狱中学会了控制情绪才活了下来。他的牢狱岁月给了他时间与激励,使他学会了如何处理自己遭遇苦难的痛苦。他说,感恩与宽容经常是源自痛苦与磨难的,必须以极大的毅力来训练。曼德拉说起获释出狱当天的心情:"当我走出囚室、迈过通往自由的监狱大门时,我已经清楚,自己若不能把悲痛与怨恨留在身后,那么我其实仍在狱中。"

我们之所以总是觉得烦恼缠身、充满痛苦,总是怨天尤人,多半是因为缺少曼德拉那样的宽容和感恩精神。

优秀是一种习惯

那年夏天,我终于如愿以偿地成为一名大学生。大学校园里的一切对于我都是那样的新奇。但随着入学日子的增加,新奇渐渐淡退,同学们发现了一个问题:班上的班干部大多已经被辅导员老师选任,但始终没有选出班长。

有同学找辅导员老师询问原因,辅导员老师笑着解释,说自己对同学们都不了解，班长的选任就拖延了下来。有同学就向辅导员老师提议由同学们民主选举，辅导员老师摇摇头拒绝了，理由是，同学们来自五湖四海，相互之间也不了解。对于辅导员老师的认真，同学们虽然都很赞同，但毕竟班不可无班长啊！开始有同学热心地推荐人选，有的同学甚至找到辅导员老师毛遂自荐……

这天，同学们正在辅导员老师的带领下开班会，一名老师突然慌慌张张地跑进教室，惊恐地说道："有教室失火了，都赶快到教学楼外去！"教室立刻乱作一团，有的女同学惊慌地喊叫着，纷纷向教室门拥去。你推我挤中，教室门变得狭窄了很多，平日里很顺畅地就可以通过的教室门现在却是要费尽气力。这时候，一个洪亮的声音在教室里响起来："都

不要乱，男同学站到两边去，让女同学先出去。"同学们一下都安静了下来，顺着声音望过去，只见在教室的最后排，一名黑黑瘦瘦的同学正站在桌子上喊叫着："女生们也不要乱，排成两队往外走，下楼梯的时候也不要乱……"很奇怪，同学们都按照这名黑瘦同学的指挥做着，刚刚乱作一团的场面井然有序起来。当所有的同学排成两队都跑到教学楼外后，有同学询问辅导员老师："老师，既然失火了，为什么只有我们班疏散出来了啊？"辅导员老师笑了，她示意同学们都安静下来后，说道："我要说声抱歉，并没有失火，这只是一次对选任班长的测试。"说着，辅导员老师将刚才在教室内站在课桌上指挥同学们撤离的黑瘦同学叫出队伍，说道：

"我很高兴地告诉同学们,你们有了新班长,就是他。"接下来,辅导员老师给出了自己选择这名同学做班长的理由:"突发事件中最能体现一个人的品性和能力。能够处惊不乱、指挥若定的人一定是一个具有领导才能、非常优秀的人。这样的人做你们的班长,你们应该满意吧!我希望毕业的时候你们都能够成为非常优秀的人,但请你们记住,优秀不是一种行为,而是一种习惯。"

那是我的大学生活中最刻骨铭心的一次班会,我懂得了一个道理:优秀不只是一种行为,更是一种习惯。好的习惯不仅可以让过去的时光开成遍野鲜花,更可以让未来的生命霞光万千。

优秀不只是一种行为,更是一种习惯。好的习惯可以让生命霞光万千。

左宗棠的两篇故事

清朝名臣左宗棠喜欢下棋,而且棋艺高超,很少碰到对手。

有一次他微服出巡,在街上看到一个摆棋阵的老人,其招牌上醒目地写着几个大字:"天下第一棋手。"左宗棠觉得老人实在是过于狂妄,于是立刻上前挑战。没有想到,老人不堪一击,连连败北,原来只不过是徒有虚名而已。

左宗棠春风得意,命老人赶紧把那块招牌砸了,不得再夜郎自大、丢人现眼了!

光阴似箭。当左宗棠从新疆平乱回来的时候,看到老人依然如故,还把"天下第一棋手"的招牌悬在那里,心里很不高兴,决心狠狠地教训教训不自量力的老头子!

他又跑去和老人下棋,但是出乎意料,这次自己竟被杀得落花流水,

成长中的智慧与哲理

三战三败,难有招架之力。左宗棠不服,第二天再战,然而败得更惨。

他惊讶地问老人:"为什么在这么短的时间内,你的棋艺竟能进步如此地快?"

老人微笑着回答:"大人虽是微服出巡,但我已得知你是左公,而且即将出征,所以存心让你赢,让你有信心去建立大功。如今你已凯旋,我便无所顾忌,也就不必过于谦让了。"

真是山外青山楼外楼,能人后面有能人。左宗棠听后,心服口服,深感惭愧。

此外,还有一个让左宗棠深思良久、终生难忘的小事。

曾国藩和左宗棠同是清朝的重臣,朝野一般多以"曾左"并称他们两人。

曾国藩年长于左宗棠,并且对左宗棠予以提拔,但左宗棠为人颇为自负,从没把曾国藩放在眼里。

有一次,左宗棠很不满意地问其身旁的侍从:"为何人都称'曾左',而不称'左曾'?"

一位侍从直截了当地回答:"曾公眼里常有左公,而左公眼中则无曾公。"

左宗棠听后幡然悔悟。

下下人有上上智。侍从的妙答,包含着深刻的道理。一个人的才智,其实是个变数。谦虚使一个人的才智增值,自负使一个人的才智贬值;谦虚使一个人的才智增色,自负使一个人的才智逊色;谦虚使一个人的才智更具魅力,自负使一个人的才智产生斥力。

只有谦逊的人才能看到自己的不足,看到别人的长处。骄傲自满只会使人变得越来越愚昧无知,越来越目中无人,最后变得令人生厌!

像花儿一样等待

丁香花是冰城哈尔滨的市花,每年春夏之交,整座城市就成了丁香花的海洋。

丁香花随处可见,但哈尔滨的丁香有个特点:它们往往是在人们不经意的瞬间,忽然全部绽放的,这让人们感觉春天是在一夜之间降临到了这座城市。在北方,有许多花儿都是这样,像腊梅、杏花、海棠……这些花儿的花蕾往往会在枝头上挂很长的时间而无动于衷,然后是在某一天,或某一瞬间,便"忽如一夜春风来,千树万树花儿开"了。

花儿为什么要选择一个瞬间不约而同地开放呢,一位生物学家解开了这个谜题。

北方地处高纬度地区,这里冬天漫长,春天短暂。有时,春天即使来了,天气也往往要有很多的反复,白天可能艳阳高照,而晚上则不时地有寒流侵入,这样,即使在一天之间,温差也是极大。在这种气候中,花儿如果贸然开放,必会被无情的寒风零落成泥辗作尘。所以,聪明的花儿一直处于含苞待放的状态,寻找最佳的开放时机。它们可能会等一个星期,更长时会是一个月的时间,直到四月中旬或者更晚的一个不知名的清晨,人们上街时会突然嗅到花香四溢，看到花开满城。北方的花儿，因为善于等待而避开了被冻僵夭折的灾难，带来了生机勃勃的春天，完成了繁衍生息的任务。

我们应该向这些花儿学习。有些时候，我们只能做一件事，等待，就像那些含苞的花蕾。这种等待不是消极懈怠，而是积攒力量；不是徘徊犹豫，而是韬光养晦。一旦时机成熟，便把积蓄的力量全部爆发出来，此时的人生，定会如花儿般绚烂夺目，芳香四溢。

有些时候，现实让我们不能有什么作为，与其抱怨不如坚韧地等待，一如那些含苞未放的丁香花蕾。

 ## 成功来源于充足的准备

美国有位知名的画家，被人们叫作"摩西婆婆"。她在丈夫去世之后才开始画画，那年，她已70岁。在此之前，她从来没有学过画。在画画的日子里，她经常废寝忘食，用心钻研，向比自己强的画友请教，绘画成了她安度晚年的亲密伴侣，几乎整个生命都与绘画融为一体。日积月累，摩西婆婆从70岁开始到去世，一共画出了1600多幅作品，她的亲戚朋友及画友对她崇拜无比。她对他们说:"我很快乐,也很满足,因为我用我的生命去完成我所能从事的东西。生命,是用来创造的,过去是这样,未来也是这样。"她的不少作品获得了专家的赞誉,在美国画坛也占有一席之地。

一个国王听说有位画家擅长水彩画,便专程去拜访那位画家。

"请你为我画一只孔雀。"国王要求说。

一年后,他再次登门拜访画家。

"我订购的水彩画在哪儿? 我曾经要你为我画一只孔雀。"

"你的孔雀就要画好了。"画家说。他拿出了画纸,不一会儿工夫,就画了一只非常美丽鲜艳的孔雀。

国王觉得很满意,但是价钱却使他吃惊。"就那么一会儿工夫,你看来毫不费力,轻而易举就画成了,竟要这么高的价钱? 你这不是敲诈吗?"国王不满地说。

于是,画家领着国王,走遍他的房子。每个房间里,都放着一堆堆画着孔雀的画纸,画家说:"这个价钱是十分公道的,您看起来毫不费力的事情,却是花费了我很多的时间和精力。为了在这一会儿的时间里为您画这只孔雀,我可是用了一整年的时间准备呢!"

成功,是时间艰苦卓绝的积累;灵感,是长期酝酿后一发而不可收拾的爆发。

骄傲自满的老鼠

从前有一只老鼠，十分骄傲自满，因而他拒绝从亲戚和同类中寻找妻子。他说，他宁愿没有妻子，除非他能够赢得宇宙间最强大者的女儿的青睐。

于是他到了太阳——强中之强者那里。他要求太阳把他的女儿嫁给他。太阳说，他应该到别的地方去找一个更强大的——那就是隐蔽和遮盖大地的云。他自己，太阳，不能穿过云去照耀大地。

老鼠到了云那里，对云说他想向他的女儿求婚。但是云告诉他到别处去找，因为还有比云更强者——那就是风。因为风一吹，云就散了。"那么，我就到他那里去，"老鼠说，"你就留着你的女儿吧。"

他到了风那里，对风说，云告诉他，风才是最强大的，因为风所到之处，摧毁一切。因此，他想要风的女儿。风回答说："你受骗了，你在这里找不到妻子，因为还有一个比我更强大的——他使我发怒，然而稳稳当当地顶住我的强大力量。这个更强大者是一座高塔，它又高又牢，我怎么也吹不倒他，晃不动他。"

老鼠回答说:"那么,我对你的女儿没有兴趣了。我必须要最高大者的女儿,所以我要去找塔。"

他到了塔那里,要娶塔的女儿。塔低头看看他,对他说:"你错了。叫你到这里来的人是在捉弄你,因为你会发现有一个比我更强大的,对他我不能忍受。"

"那么,是谁呢?"老鼠问。

"那就是,"塔回答,"老鼠,她在我下面筑了个窝。多么坚硬的灰泥他都能咬碎。她在我下面挖掘,把我咬穿。没有任何办法挡得住她。"

"什么?哈!哈!"老鼠说,"这真是奇怪的新闻!老鼠是我的亲戚。我想往上高攀——末了,我还得回到我自己的同类中来。""这就是你的命运,"塔回答,"回家去吧,要学会不要再轻看你的同类。老鼠先生,除了一只小老鼠外,你再也找不到更好的妻子了。"

一个人如果过高估计自己,轻视同伴,就很难和别人搞好关系。学会恰如其分地评价自己、怀有一颗平常心是非常重要的。

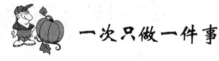

一次只做一件事

世界上最紧张的地方,可能就要数纽约中央车站问询处了。在那里,匆匆往来的旅客都争着询问自己的问题,希望能够立即得到答案。

对于问询处的服务人员来说,工作的繁忙和压力可想而知。但是,柜台后面的那位服务人员看起来一点儿也不紧张。他看上去显得那么轻松自如。

现在,他面前的旅客是一位矮胖的妇人。这位服务人员很有礼貌地说:"您要去哪里?"

这时,有位穿着讲究,戴着帽子,一手提着皮箱的男士试图插话进来。但是,这位服务员却旁若无人,只是继续和面前的妇人说话:"您要去哪里?"

"马萨诸塞州,春田。"妇人回答。

服务员根本不需要看列车时刻表,就说:"那班车会在10分钟之内出发,在第15号月台出车。您不用跑,时间还充裕。"

女士转身离开,这位先生立即将注意力转移到下一位客人——戴着帽子的那位男士身上。但是,没多久,那位太太又回过头来问:"你刚才说是15号月台?"

而这一次,服务人员已经把精神集中到了下一位旅客身上,不再管这位太太了。

有人曾请教过那位服务人员:"能否告诉我,你是如何做到并保持冷静的呢?"

那个人这样回答:"我并没有和公众打交道,我只是在单纯地处理一位旅客的问题。忙完一位,才换下一位。在一整天之中,我一次只服务一位旅客。"

智慧箴言

　　一次只做一件事,才可以让我们心无旁骛,全心全意。然后一件一件地完成,离成功就不远了。

第四章

始终拥有一颗坚强不屈的心·
——关于梦想和信念

记住，你绝对不能卖了这幅画

　　家道中落的父亲，临终，把独子叫到床前，指指床下，颤抖着说："这儿有一幅画，是唐代王维的真迹，你爷爷留下来的，"父亲苦笑一下，"这么多年来，家里的钱被人坑的坑、骗的骗，可是我始终守着这幅画。我心里很踏实，我告诉自己，我还有路，真到绝境，就把这幅画卖了。就这样，我居然撑下来了，能把这幅画好好交到你手里。"话说完，老人就咽了气。

　　丧事办完，儿子在老母的陪同下，拉出床下的铁箱子，打开来，果然有一幅精裱的古画，象牙的轴头、织锦的卷首。展开来，虽然绢色早已变暗，但是笔力苍劲，一看就是一幅传世的无价之宝。

　　"把画卖了吧，"老母说，"好供你去留学。"

　　"不，"儿子说，"不能卖，以前家里那么苦，爸爸都撑下来没卖，我也能撑下来，除非路走绝了……"

　　天无绝人之路，儿子居然靠为人补习、出国打工和得到的奖学金，顺利地修到学位，还交到一位可爱的女朋友。

　　"你有多少钱能娶我的女儿?"女朋友的父亲看不上这个穷小子。

年轻人一笑,说:"伯父,我家既穷也不穷,说实话我们还挺有钱,因为我家传下来一张唐代王维的真迹,只是我妈不愿卖,卖了最少能买一幢房子。下次我拿来,你看看就知道了。"

女朋友的父亲笑笑:"不用看了,瞧你说话的样子就不假。我佩服你,那么苦还能守住那幅画,我也相信,你能守住我女儿。"

他们结婚了,胼手胝足,打下一片江山,20年后,成为大企业家。

他们有两个儿子,也都各有所成。每年春节,做父亲的都会拈香拜祖先之后,再去把手洗干净,在老妻的协助下,打开那张传家之宝:"瞧瞧,你们爷爷留下来的宝贝,诗中有画,画中有诗,王维的画,爷爷早年经商失败,又被人骗,一穷二白的时候,明明把画卖了,就能过好日子,但是他咬着牙,硬是不卖。"老人笑笑,"爸爸也一样,明明卖了画,就有了留学的钱,可也舍不得,靠自己撑下来了。也幸亏这幅画,我赢得你外公的青睐,娶到你们的妈妈。将来这幅画就传给你们,希望你们也能好好守着。"

多年后,两夫妇都死了。画从保险箱里拿了出来。兄弟两人抢着要,甚至翻了脸。"得了,"做哥哥的一拍桌子,"把它卖掉算了,画不好分,钱好分,一人一半。"

这幅唐代王维的神品山水画,终于被两兄弟送到拍卖公司。收藏界早听说有这么一幅画,也早派人出来打听底价。只是,拍卖目录印出来,居然没有那幅画。据说两兄弟又后悔了,抽回那幅王维真迹。而且两人显然取得了谅解,古画归给老大。为这事,老二的太太还很是不高兴,觉得丈夫无能。

直到丈夫在她耳边轻轻说了几句话,又拿出拍卖公司的鉴定书,太太才笑了。又过了几十年,老大也将病逝。

临终,他把自己的孩子叫到床前,如同他爷爷当年把他爸爸喊到床前一般,颤抖着说:"咱们银行保险箱里,藏着一幅传家之宝。你的太祖父靠它支撑着精神,熬过难关;你的祖父又靠它撑着克服万难;我又和你叔叔,从画里得到很多教训,彼此关照着过一生。而今,这画传给你了。困苦的时候常想想你有这个宝,你就不会自叹不如人。但是,记住,你绝对不能卖了这幅画……"

从故事中可以看出，这幅画是一幅赝品，但这幅假画的价值却不容低估，是它让几代人为了一个共同的信念，坚强地度过所有的困难与挫折。

 ## 一个盲人的环球之旅

"霍尔曼空前绝后地全面体验了这个世界，他花了50年的时间游历全球，没有别的目的，只是为了理解那些地方。"即使在拥有飞机和抗生素的今天，他的旅程也非常艰辛。对这位前海军军官来说，旅途的景色异常精彩，虽然他是一个盲人。

霍尔曼从小就希望了解远处的人们有什么样的风俗和法律。12岁时他就出门看世界，加入了海军。他本来是一个前途无量的皇家海军上尉，但25岁时，一场怪病夺去了他的视力。那时盲文还没被发明出来，盲人只能只身流浪，或沦为乞丐，或做一些不体面的活计。但这些皆非霍尔曼所愿。

为了治疗眼疾和疼痛难忍的风湿病，他独自前往法国南部。旅行途中,他惊奇地发现,身体感觉好多了,他意识到他不能中止旅行。虽然他的视力再也没能恢复,但是旅行时他感觉自己是健康的、有尊严的健全人。他说:"用脚我能看得更清楚。"

1822年7月19日,36岁的詹姆斯·霍尔曼开始环游世界。

离开英格兰之后,霍尔曼要穿越俄国,进入冰冻而荒凉的西伯利亚。然后在堪察加半岛,他搭乘捕鲸船,先抵达夏威夷,然后到达尚未开垦的北美大陆。那时的世界还不适合旅行,动荡不安,人们过着悲惨的生活,没有铁路、客船。霍尔曼横穿了西伯利亚,踏上了澳大利亚内陆和巴西的雨林,爬上了正在喷发的维苏威火山,在斯里兰卡骑着马猎象,乘坐航行在大西洋上的运奴船。霍尔曼用一种叫盲人写字框的东西记下自己的印象和经历,写成了三本书和很多没出版的笔记。到19世纪中期,他已经成了历史上成就最大的旅行家。通过乘船、乘坐马车、步行甚至骑马,他的行程累计达25万英里,远远超过马可·波罗的14万英里。他的足迹遍及有人烟的各个大洲,访问了数百种独特的文化。他曾经用7年的时间游历非洲各地、印度、太平天国时期的中国和澳大利亚。

信念,是成功的起点,是托起人生大厦的坚强支柱。在人生的旅途中,不可能总是一帆风顺、事随人愿。有的人在身体上可能先天不足或后天病残,但却能成为生活的强者,创造出常人难以创造的奇迹,他们靠的就是信念。有心人,天不负。在坚强的决心和顽强的意志的支撑下,任何困难都阻挡不住你奔向目标的步伐。

 无法赎回的梦想

2002年的感恩节前3天,芝加哥市一位名叫赛尼·史密斯的中年男子向当地法院递交了一份诉状，要求赎回自己去埃及旅行的权利。这个离奇的案件在美国立即引起了轩然大波。

案情十分简单，它发生在40年前。当时赛尼·史密斯6岁，在威灵顿小学读一年级。有一天，品行课老师玛丽小姐让全班同学各自说出一个自己的梦想。同学们都非常踊跃，尤其是赛尼，他一口气说出了两个梦想：一个是拥有一头小母牛，另一个是去埃及旅行一次。可是，当玛丽老师问到一个名叫杰米的男孩时，不知为什么，他竟一下子没了梦想，回答不出来了。为了让杰米也拥有一个自己的梦想，玛丽老师建议杰米向同学购买一个。于是，在玛丽老师的见证下，杰米就用3美分向拥有两个梦想的赛尼买了一个。由于赛尼当时太想要一头小牛了，他让出了第2个梦想——去埃及旅行。

40年过去了，赛尼·史密斯已人到中年，并且在商界小有成就。40年来，他去过很多地方——瑞典、希腊、沙特、中国……然而他却从没有涉足埃及。难道他没想过去埃及吗？他说，从他卖掉去埃及的梦想之后，他就从来没忘记过这个梦想。作为一个虔诚的基督教徒和一个诚信的商人，他不能去埃及，因为他把这一行为连同那一个梦想一起卖掉了。

2002年感恩节前夕，他和妻子打算到非洲旅行一次。在设计旅行线路时，妻子把埃及的金字塔列为其中的一个观光项目。赛尼·史密斯决定赎回那个梦想，因为他觉得只有那样，他才能坦然地踏上那片土地。

然而,赛尼·史密斯没有赎回那个梦想。经联邦法院审定,那个梦想价值 3000 万美元,赛尼·史密斯要赎回去,就会倾家荡产。

杰米的答辩状中是这样说的:"在我接到史密斯先生的律师送达的副本时,我正在打点行装,准备全家一起去埃及。其实,真正的理由不是我们正准备去埃及,而是这个梦想的价值。小时候我是个穷孩子,穷到我不敢有自己的梦想。只好在玛丽老师的鼓励下,用 3 美分从史密斯先生那儿购买了一个梦想。之后,我彻底地改变,变得富有了。学习有了很大进步,并且考上了华盛顿大学。这完全得益于这个梦想,因为我想去埃及。"

"我之所以能认识我美丽贤惠的妻子,也是得益于这个梦想,她是一个对埃及着迷的人。如果我没有购买那个梦想,我们绝不会在图书馆相遇,更不会有一段浪漫迷人的恋爱。我的儿子也是得益于这个梦想,因为从小我就告诉他:'我有一个梦想,那就是去埃及。如果你能获得好的成绩,我就带你去那个美丽的地方。'我想他是在埃及的召唤下,走入斯坦福大学的。"

"现在,我在芝加哥拥有 6 家超市,总价值 2500 万美元左右。我想,如果我没有那个去埃及旅行的梦想,我是绝不会拥有这些财富的。尊敬的法官,我想假如这个梦想是你们的,你们一定会认为这个梦已融入你们的生命之中,已经和你们的生活、你们的命运紧密相连,密不可分,而且一定会认为,这个梦想就是你们的无价之宝。"

人生不能没有梦想。没有梦想的人,犹如枯萎的花、干涸的井,毫无生命的活力。梦想最大的意义是给予人们一个方向、一个目标、一个永恒的追求……

 我还有一个苹果

斯坦利·库尼茨是一个对沙漠探险情有独钟的瑞典医生。年轻的时候,他曾试图穿越非洲撒哈拉大沙漠。进入沙漠腹地的当天晚上,一场铺天盖地的风暴使他变得一无所有,向导不见了,满载着水和食物的驼群消失了,连那瓶已经开启的准备为自己庆祝 36 岁生日的香槟也洒得一干二净,死亡的恐惧瞬间笼罩了他。

在绝望的瞬间,斯坦利把手伸向自己的口袋,意外地摸到了一只苹果,这只苹果使斯坦利从绝望中清醒,他庆幸自己竟然还有一个苹果。

几天后,奄奄一息的斯坦利被当地的土著人救起,令人迷惑不解的是,昏迷不醒的斯坦利紧紧地攥着一只完整却干瘪的苹果,而且攥得非常紧,以至于谁也无法从他手中将苹果拿走。20 世纪初,这位一生都充满传奇色彩的老人去世了,弥留之际,他为自己写了这样一句墓志铭:我还有一个苹果。

"我还有一个苹果",这句话把所有的坚持浓缩在了一起。

其实每个人的内心都深藏着一个苹果。笑傲人生,在绝境里漠视所有的困惑和劳累,这就是老人给我们的启示。是的,上苍也许会夺走你的一切,但是他永远也夺不走你心中的最后一个苹果,只要有这样一个小小的苹果,你就没有理由轻易放弃。

一个表面上看来是多么微不足道的青苹果,竟然会有如此不可思议的神奇力量! 这就是信念的力量。

始终拥有一颗坚强不屈的心

一位失意的年轻人向一位哲人请教成功的秘密。哲人递给他一颗花生，说："用力捏捏它。"年轻人用力一捏，花生的壳便碎了，剩下了花生仁。然后，哲人教他再搓搓它，结果，红色的皮也被搓掉了，只留下了白白的果实。

哲人教他再用力捏捏，年轻人迷惑不解，但还是照着做了。可是，不论他如何用力，却怎么也捏不碎这粒花生仁。哲人同样教他再搓搓它，结果仍是徒劳无功。

最后，哲人语重心长地告诫年轻人："虽然屡受打击与磨难，失去了很多东西，但始终都要拥有一颗坚强不屈的心，这样才会有美梦成真的希望啊!"

很多人一时间失意了，受到挫折了，或是失去了一些珍贵的东西就心灰了，志穷了。有的，还怨天尤人，愤世不公，却很少想过是否给自己打造一颗坚强不屈的心。如果一个人连一颗敢于面对重重磨砺和困难的心都没有，那么还有谁会赋予你成功的希望呢?

坚强的心并非与生俱来，它在一次次痛苦的磨砺中造就。道理很简单，但做起来并不容易。

任何人的一生都不可能一帆风顺，面对困难与苦难需要有顽强的拼劲，需要誓不低头的气魄，需要一颗坚强的心。打造一颗坚强的心,就是打造一种坚忍不拔的意志,一份不屈不挠的毅力。人生不可能没有失败,关键是你怎样看待失败,是退缩?还是进取?有一颗坚强的心就有了百折不挠的勇气与毅力。

 ## 一只乌龟的坚持

一天,在一棵古老的橄榄树下,乌龟听见一只长得漂亮的雄鸽子说,狮王二十八世要举行婚礼,邀请所有的动物都去参加庆典。

既然狮王二十八世邀请所有的动物都去参加庆典,那我是动物,我也应该去!乌龟心里想。

它上路了。在路上它碰见了蜘蛛、蜗牛、壁虎,还有一大群乌鸦。

它们先是发愣,然后规劝并嘲笑说:"乌龟呀乌龟,不是我们说你,这样一个非常简单的道理你都不懂,婚礼马上就要举行,可你爬得这么慢,能赶上吗?别说婚宴早结束了,洞房也已闹完,等你赶到,恐怕生下的小孩子也已经长大成人,他们都可以举行婚礼了。"

但乌龟执意前行。

许多年后,乌龟终于爬到狮王洞口。只见洞口到处张灯结彩,各类动物也全来了。这时,快活的小金丝猴告诉它说:"今天,我们在这里庆祝狮王二十九世的婚礼。"

如果乌龟听了它们的规劝后回头,又怎能赶上二十九世的婚礼呢?

坚持不懈,最后就会有一个圆满的结果。

世界上最漂亮的脚踏车

在一次拍卖会上,有大批的脚踏车将要出售。当第一辆脚踏车开始竞拍时,站在最前面的一个不到12岁的男孩抢先出价:"5块钱。"可惜,这辆车被出价更高的人买走了。

稍后,另一辆脚踏车开拍。这位小男孩又出价5块钱。接下来,他每次都出这个价,而且不再加价。不过,5块钱的确太少了。那些脚踏车都能卖到35或40块钱,有的甚至卖到80元以上。暂停休息时,拍卖员问小男孩为什么不出较高价竞争。小男孩说,他只有5块钱。

当拍卖继续后,小男孩子还是给每辆脚踏车出5块钱。他的这一举动引起了所有人的注意。人们交头接耳地议论着他。

63

经过漫长的一个半小时后,拍卖快要结束了,只剩下最后一辆脚踏车,而且是非常棒的一辆,车身光亮如新,令小男孩怦然心动。拍卖员问:"有谁出价吗?"

这时,几乎已失去希望的小男孩信心不足地说:"5块钱。"

拍卖员停止唱价,静静地站在那里。观众也默不作声,没有人举手喊价。静待片刻后,拍卖员说:"成交,5块钱卖给那个穿短裤白球鞋的小伙子。"

观众纷纷鼓掌表示祝贺。

小男孩脸上洋溢着幸福的光辉,拿出捏在汗湿的手心里揉皱了的5块钱,买下了那辆无疑是世界上最漂亮的脚踏车。

梦想的价值远远大于金钱,因为梦想,你会赢得尊重和爱,因为梦想,你会获得成功!

做烛火还是太阳

一心大师刚剃度的时候,在法门寺修行,法门寺是个香火鼎盛、香客络绎不绝的名寺,每天晨钟暮鼓,香客如流,一心想静下心神,潜心修身,但法门寺法事应酬太繁,自己虽青灯黄卷苦苦习经多年,但谈经论道起来,自己远不如寺里的许多僧人,有人劝一心说:"法门寺是名满天下的名寺,水深龙多,聚集了天下许多名僧,你若想在僧侣中出人头地,不如到一些偏僻小寺中阅经读卷,这样你的才华便会很快光芒尽露了。"

一心自忖良久,觉得这话也对,便决意辞别方丈,离开这喧喧嚷嚷、高僧众多的法门寺,寻一个偏僻冷落的深山小寺去,于是一心就打点了经卷、包裹,去向方丈辞行。

方丈明白一心意图后,问他:烛火和太阳哪个更亮些?

一心说："当然是太阳了"。

方丈说："你愿意做烛火还是太阳呢？"

一心说："当然愿意做太阳了。"

方丈微微一笑说："我们到寺后的林子里去吧。"

法门寺后一片郁郁葱葱的松林。方丈将一心带到不远处的一个山头上，这座山头树木稀疏，只有一些灌木和零星的三两棵树，方丈指着其中最高大的一棵说："这棵树是这里最大最高的，它能做什么呢？"

一心围着树看了看，这棵树乱枝纵横，树干又短又扭曲，便说："它只能做煮粥的柴火。"

方丈又信步带一心到那一片郁郁葱葱密密匝匝的林子里去，林子遮天蔽日，棵棵松树秀颀、挺拔。方丈问道："为什么这里的松树每一棵都这么修长，挺直呢？"

一心说："都是为了争着承接天上的阳光吧。"

方丈郑重地说："这些树就像芸芸众生啊，它们长在一起，就是一个群体，为了一缕阳光，为了一滴雨露，它们都奋力向上生长，于是它们每一棵可能成为栋梁。而那些远离群体零零星星的三两棵，一团团的阳光是它们的，许许多多的雨露是它们的，在灌木中它们鹤立鸡群。没有树和它们竞争，所以，它们就成了薪柴啊。"

一心听了，思索了一会儿，惭愧地说："法门寺就是这一片莽莽苍苍的大林子，而山野小寺就是那棵远离树林的树了。方丈，我不会再离开

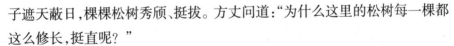

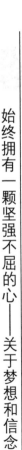

法门寺了。"

在法门寺这片森林里，一心苦心潜修，后来，终于成为一代名僧。

一个有志于成为优秀人才的人，不能远离社会这个群体，就像一棵大树不能远离森林，不能害怕激烈的竞争。一个人若想有所作为，就必须敢于同强者竞争并力争超越对手。

 为什么而战斗

一个魔鬼来到一个村庄。他看见这个村庄富饶丰裕，就住下来，每天偷鸡摸狗，害得大家不得安宁。村长奇里决心找魔鬼决斗，为村民除害。

有一天，奇里在草原上寻找魔鬼。迎面碰到一个人，他们互相问好后，对方问：

"你往哪里去？"

"我去寻找魔鬼。"村长回答。

"为了什么？"对方问。

"我想除掉它，解救村民。"村长答道。

这时对方说："我就是魔鬼。"

村长一听，就向它冲过去，双方打了起来。奇里终于战胜了魔鬼，把它打倒在地，接着拔出短刀，准备下手。但魔鬼止住了他，说：

成长中的智慧与哲理

"村长,且慢下手,你可以杀死我,但先听我说几句话。"

"说吧。"村长说。

"你杀死我没有一点好处,"魔鬼说,"如果你饶了我,你就有好处。"

"有什么好处?"村长奇里问。

"你让我活命,我保证每天早晨在你枕头下放 20 卢比。这样,一直到你生命的最后一天。"魔鬼说。

村长奇里一听到这话,就马上动摇了,想:我打死它,能有什么好处呢?它又不是世界上唯一的魔鬼,魔鬼有千千万万。我饶了它的命,每天就可以得到 20 卢比!于是,奇里同魔鬼订了协议,放走魔鬼。

第二天早晨,奇里发现枕头底下真的有 20 卢比。村长心里大喜。

这样,持续了一个星期,村长对谁也没有说过这件事。

有一天早晨,村长醒了,手伸到枕头下摸钱,但没有一个钱。村长感到纳闷,心想,大概是魔鬼忘记了,明天它一定会放好两天的钱的。

但是,第二天枕头底下还是没有钱。奇里又等了一天,还是没有钱。这时村长冒火了,就出去寻找魔鬼。

在同一草原上的同一地方,他们又相遇了。

"喂,骗子!"村长对魔鬼说,"你是怎么对待我的?"

"我得罪了你什么?"魔鬼问。

"你保证每天给我 20 卢比,起先我倒是每天收到的,可是现在,我已连续几天没收到钱了。"

"村长啊,"魔鬼回答说,"我一连几天给你钱,后来不给了,你不满意的话,我们再来决斗。"

村长奇里相信自己的力量,因为已战胜过魔鬼一次。可这一次,结果却是相反的,魔鬼举起村长,摔在地上,并且坐在他的胸上,拿出短刀,准备下手。

这时,村长说:

"魔鬼,你可以杀死我,但请允许我提一个问题。"

"提吧。"魔鬼答应了。

"一个星期之前,我们碰面后进行了较量,我胜了你,为什么现在我们两个都毫无变化,你却战胜了我?"

"原因是第一次你是为了正义的事业同我决斗的。而这一次,你找我是为了要钱,为了个人复仇,所以我轻易地战胜了你。"

做事不能心存杂念,认准一个正确的目标,执着奋斗,你就肯定能获得成功。相反,为了一点私利而改变理想,那样只会让你的思想产生动摇,让你的战斗力大大削弱。

 ## 走中间路线的青蛙

浮在河边的一根木头上趴着四只青蛙。突然冲来几个浪头,木头顺浪向下游慢慢漂去。青蛙们非常高兴,因为这是它们的首次航行。

不多久,一只青蛙说话了:"这根木头实在神奇,它会运动,就像有生命一样,真是闻所未闻。"

第二只青蛙说:"不,朋友,这根木头跟别的木头一样,是不会运动的,运动的是河水,它流向大海,也带动了我们和这根木头。"

第三只青蛙却说:"木头和河水都不会运动,运动的是我们的意念;没有意念,一切运动都不复存在。"

三只青蛙为究竟是什么在运动争辩起来,它们越辩越热闹,嗓门也越来越大,但到底还是互不服气。

于是它们转向第四只青蛙,它一直在细心听着各方的言论,并未作声,青蛙们请它发表见解。

它说:"你们都对,说得都不错。运动的既是木头,也是河水,也是我们的意念。"

那三只青蛙听罢勃然大怒,因为谁都不想接受:自己的观点不是完全正确,人家的观点不是完全错误。

接下来怪事发生了:三只青蛙同仇敌忾,一起使劲把第四只青蛙推进了河中。

走中间路线是行不通的,你必须有坚定的立场和原则。

不过一念间

两个不如意的年轻人,一起去拜望师父。

"师父,我们在办公室被欺负,太痛苦了,求您指点,我们是不是该辞掉工作?"两个人一起问。

师父闭上眼睛,隔半天,吐出五个字:

"不过一碗饭。"就挥挥手,示意年轻人退下了。

才回到公司,一个人就递上辞呈,回家种田,另一个却没动。

日子真快,转眼十年过去。

回家种田的,以现代方法经营,加上品种改良,居然成了农业专家。另一个留在公司里的,也不差。他忍着气,努力学,渐渐受到器重,已经成为经理。

有一天，两个人遇到了。

"奇怪！师父给我们同样'不过一碗饭'五个字，我一听就懂了，不过一碗饭嘛，日子有什么难过，何必在公司忍受折磨？所以辞职。"农业专家问另一个人，"你当时为什么没听师父的话呢？"

"我听了啊！"那经理笑道，"师父说'不过一碗饭'，多受气，多受累，我只要想'不过为了混碗饭吃'，老板说什么就是什么，少赌气，少计较，就成了！师父不是这个意思吗？"

两个人又去拜望师父。师父已经很老了，闭着眼睛。隔半天，说了五个字："不过一念间！"

然后，挥挥手……

一念之间，产生不同的想法，便会有不同的结果。所以，遇事时一定要三思而后行。

 用心程度不同，结果自然不一样

有两个青年人想学下棋，他们听说奕秋是全国最有名的棋手，就相约着一起来到奕秋这里，拜奕秋为师学下棋。奕秋对这两个学生的讲授内容和要求是一样的。但是，由于这两个学下棋的青年人学习时用心程度不一样，最后学习的结果也就不一样。

其中一个人学下棋时专心致志地听奕秋讲解下棋的基础理论与技巧，因为他听讲时思想集中，学得很快，懂得也越来越多，下棋的技艺也逐渐掌握了，后来成了一名出色的棋手；而另一个下棋的青年则不同，每次当奕秋讲下棋的技艺时，他虽然也坐在那里听，可是思想却开了小差，总觉得要有大天鹅飞过来了，等到天鹅快要飞到眼前时就要准备好弓和箭了。他总是在想当天鹅飞近后该如何拿弓，如何搭箭，又要如何瞄准，然后再怎样放箭，才能射中最美丽的天鹅。

这个青年虽然也和前一个青年一样在学习下棋，但由于他老是思想不集中，而是沉浸在自己的遐想之中。结果可想而知，最后自然是一事无成，怏怏而归。这个青年比那个青年的资质差吗？当然不是。

智慧箴言

不管是学习还是做其他事情，都需要专心致志；三心二意，心不在焉，这样是什么事情也学不会、干不好的。

一事无成的勤快人

从前有一个小国家，这里的人们都很勤劳，其中有一个人也非常勤快，可是就是不知道干什么才好，整天找不到事做，而且他做了好多事情都不成功，于是他就想专门学习一种技术。

一天，他的邻居告诉他说做伞很不错，而且会赚好多钱，所以他就跟着会做伞的人去学习做伞了。他跟着师傅认真地学，学得非常勤快，很快就把做伞的技术学成了。然后他就自己回家去做伞了。

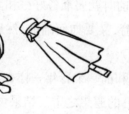

可是不巧的是当他做好许多把伞准备出售时，正赶上了连续三年大旱，土地都几乎干得要冒烟了，天上根本就一滴雨也不下，他做的伞都没有什么用处了。他看到他的伞做好后卖不出去就非常地发愁，这时，又有人告诉他说："不如放弃做伞吧！现在连年大旱，做打水的工具很赚钱的。"

于是，他听从了那个人的话就改行学做从井中打水的工具。可是等他做出来打水工具的时候，这个国家偏偏又遇上了连续三年下大雨，做出来的打水工具又没有用处了。这个人想来想去，觉得还是做伞吧，于是他又改回他的老本行去做伞了。

等他做了大量的伞，准备到街上去卖的时候，一把伞都没卖出去。因为

成长中的智慧与哲理

这时候他的国家与邻国开始打仗了,老百姓都穿上军装打仗了,很少有人用伞了。

打仗要用许多兵器与盔甲,他就又去做兵器和盔甲,打算大发一笔战争横财。当他一心在做兵器和盔甲的时候,两国已经讲和了,再也用不着这些东西了。

这时,年老体衰的他再也没有精力去做任何事情了。

勤快是一种优秀的品格,但光有勤快是不够的了。无论是学习还是做别的事情,在勤奋的同时,还一定要持之以恒,不能有点挫折或困难就随便改变自己的想法。

这是给你的房子

有个老木匠准备退休,他告诉老板说,他要离开为之劳作了几十年的建筑行业,回家与妻子儿女享受天伦之乐。

老板舍不得他的好工人走,问他是否能帮忙再建一座房子,老木匠碍于面子只得同意了。于是,他开始建他的最后一座房子。老木匠干活很快,但是,大家都看得出来,他的心已经不在工作上,他用的是上等的木料,干出

的却不是什么好活。

　　房子建好的时候,老板把大门的钥匙递给老木匠,说:"这是给你的房子,就当是我送给你的礼物吧!"

　　老木匠目瞪口呆,同时又感到羞愧无比。如果他早知道是在给自己建房子,也许就不会这样了,而现在,他得到的是一幢粗制滥造的房子。

　　做事应该有始有终,认真对待每一项工作,坚持把每一项都做到最好。这样,你才能拥有快乐的生活和幸福的人生。

第五章

石头远没有你想象的那么大
——做事的学问

你怎么不问一声呢

有一个博士分到一家研究所工作,成为学历最高的一个人。

有一天,他到单位后面的小池塘去钓鱼,正好正副所长在他的一左一右,也在钓鱼。

他只是微微点了点头,这两个本科生,有什么好聊的呢?

不一会儿,正所长放下钓竿,伸伸懒腰,噌噌噌从水面上如飞一般地走到对面上厕所。

博士眼睛瞪得都快掉出来了。水上漂?不会吧?这可

是一个池塘啊。

正所长上完厕所回来的时候,同样也是噌噌噌地从水上漂回来了。

怎么回事?博士生又不好去问,自己是博士生呀!

过了一阵,副所长也站起来,走几步,噌噌噌地漂过水面上厕所。这下子博士更是差点昏倒:不会吧,到了一个江湖高手云集的地方?

成长中的智慧与哲理

博士生也内急了。这个池塘两边有围墙，要到对面厕所非得绕十分钟的路，而回单位上又太远，怎么办？

博士生也不愿意老问两位所长，憋了半天后，也起身往水里跨：我就不信本科生能过的水面，我博士生不能过。

只听咚的一声，博士生栽到了水里。

两位所长将他拉了出来，问他为什么要下水，他问："为什么你们可以走过去呢？"

两所长相视一笑："这池塘里有两排木桩子，由于这两天下雨涨水正好在水面下。我们都知道这木桩的位置，所以可以踩着桩子过去。你怎么不问一声呢？"

　　学问和理论懂得再多，如果不懂得实践，不懂得向别人请教，那么，就会在生活中吃大亏。

书上没有赶鸡的学问

有个书呆子一天到晚只会待在家里看书，什么事也不会干，整天依赖妻子，饭来张口、衣来伸手。

这天黄昏，妻子在地里干完活回家，只见自家的鸡还没有归窝。她自己要忙着做饭，没工夫去张罗赶鸡，就对丈夫说："我做饭，你去帮我把鸡都赶进窝去。"

丈夫答应了。他放下书本跑到外面，去将自家的鸡赶回家。

书呆子看到自家那几只鸡，连忙上去一阵使劲猛赶，结果那几只鸡吓得惊慌失措，乱飞乱窜；书呆子只好停下来朝鸡扬起手慢慢示意，于是那鸡又停在那里东瞧西望。等那几只鸡刚刚安定下来，要向北面走去，书呆子赶忙上前将鸡拦住，鸡吓得一掉头又朝南边跑去，书呆子急了，又赶到鸡前将鸡拦住,鸡又重新掉头朝北跑去。就这样,他靠近鸡时,鸡吓得到处扑腾,他远离鸡时,鸡又停住不走。折腾到天都黑下来了,还有3只鸡依然没赶回窝。

妻子做好了饭,还不见丈夫赶鸡回家。她出屋一看,书呆子站在那里正显出无可奈何的样子,额上还淌着汗。妻子很是生气,教他说:"应该这样赶鸡,在鸡安闲的时候慢慢靠近它;如果它惊恐不安,你就扔点食物去引诱它。不能像你这样简单粗暴地乱赶一气,要慢慢引诱着赶。你尽量把鸡赶到熟悉的路上,让它慢慢安定下来,它自然而然就会回窝了。这才是最好的赶鸡方法。"

书呆子恍然有所悟,说:"想不到赶鸡也有学问,怎么书本上就见不到呢?"

这个书呆子只会读死书,书本以外的东西一无所知。其实做任何事情都有它的方法和规律,如果不讲究方式方法,只凭想象蛮干,那就难以把事情做好。学习也是一样的道理。

武术大师的挑水之道

有一位武术大师隐居于山林中。

听到他的名声，人们都千里迢迢来寻找他，想跟他学些武术方面的窍门。

当这些人到达深山的时候，发现大师正从山谷里挑水。

大师挑得不多，两只木桶里水都没有装满。

按人们的想象，大师应该能够挑很大的桶，而且挑得满满的。

他们于是不解地问："大师，这是什么道理？"

大师说："挑水之道并不在于挑多，而在于挑得够用。一味贪多，适得其反。"

众人越发不解。

大师从他们中拉了一个人，让他重新从山谷里打了两满桶水。

那人挑得非常吃力，摇摇晃晃，没走几步，就跌倒在地，水全都洒了，那人的膝盖也摔破了。

"水洒了，岂不是还得回头重打一桶吗？膝盖破了，走路艰难，岂不是比刚才挑得还少吗？"大师说。

"那么大师，请问具体挑多少，怎么估计呢？"

大师笑道："你们看这个桶。"

众人看去，桶里画了一条线。

大师说："这条线是底线，水绝对不能高于这条线，高于这条线就超过了自己的能力和需要。起初还需要画一条线，挑的次数多了以后就不用看那条线了，凭感觉就知道是多是少。有这条线，可以提醒我们，凡事要尽力而为，也要量力而行。"

众人又问："那么底线应该定多低呢？"

大师说："一般来说，越低越好，因为这样低的目标容易实现，人的勇气不容易受到挫伤，相反会培养起更大的兴趣和热情，长此以往，循序渐进，自然会挑得更多、挑得更稳。"

有些人做事总是好高骛远，想一蹴而就。殊不知，这种脱离实际的做法，只会让自己寸步难行，不断地遭受挫折。

 不自量力的穷画家

有一个落魄潦倒的穷画家，一直坚持着自己的理想，除了画画之外，不愿从事其他的工作。

而他所画出来的作品，又一张也卖不出去，搞得三餐老是没有着落，幸好街角餐厅的老板心地很好，总是让他赊欠每天吃饭的餐费，穷画家也就天天到这家餐厅来用餐。

一天，穷画家在餐厅中吃饭，突然间灵感泉涌，不顾三七二十一，拿起桌上洁白的餐巾，用随身携带的画笔，蘸着餐桌上的酱油、番茄酱等等各式调味料，当场作起画来。

餐厅的老板也不制止他，反倒趁着店内客人不多的时候，站在画家身后，专心地看着他画画。

过了好一会儿，画家终于完成了他的作品，他拿着餐巾左盼右顾，摇头晃脑地欣赏着自己的杰作，深觉这是有生以来画得最好的一幅作品。

餐厅老板这时开口道："嗨！你可不可以把这幅作品给我？我打算把你所欠的饭钱一笔勾销，就当作是买你这幅画的费用，你看这样好不好啊？"

穷画家感动莫名，惊异道："什么？连你也看得出来我这幅画的价值？看来，我真的是离成功不远了。"

餐厅老板连忙道："不！请你不要误会，事情是这样子的，我有一个儿子，他也像你一样，成天只想要当一个画家。我之所以要买这幅画，是想把它挂起来，好时时刻刻警醒我的孩子，千万不要落到像你这样的下场。"

坚持是一种可贵的品质，但在错误的目标上坚持且始终不自觉，其结果却只能导致失败。

 这条小鱼在乎

在暴风雨后的一个早晨，一个男人来到海边散步。他一边沿海边走着，一边注意到，在沙滩的浅水洼里，有许多被昨夜的暴风雨卷上岸来的小鱼。

它们被困在浅水洼里，虽然离大海很近，却无法回归大海。被困的小鱼，也许有几百条，甚至几千条。用不了多久，浅水洼里的水就会被沙粒吸干，被太阳蒸干，这些小鱼都会干死的。

男人继续朝前走着。他忽然看见前面有一个小男孩，走得很慢，而且不停地在每一个水洼旁弯下腰去——他在捡起水洼里的小鱼，并且用力把它们扔回大海。

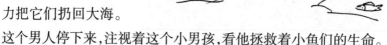

这个男人停下来，注视着这个小男孩，看他拯救着小鱼们的生命。

终于，这个男人忍不住走过去："孩子，你叫什么名字？"

"大家都叫我比尔。"

"这水洼里有几百几千条小鱼，你救不过来的。"

"我知道。"比尔头也不抬地回答。

"哦？那你为什么还在扔？谁在乎呢？"

"这条小鱼在乎！"比尔一边回答，一边拾起一条小鱼扔进大海。

做事只要尽了全力，做到无愧于心，就不必在乎结果会怎样。

 卖牛奶的女孩

清晨，一个女孩拿着挤好的牛奶到街上去卖。

在这之前,女孩已经去街上卖过很多次牛奶了,所以对于市场的地点以及如何卖个好价钱,她都相当清楚。和以往一样,女孩把牛奶罐顶在头上,往市场走去。

天空晴朗,微风轻柔地吹拂着她的面颊,可女孩对这一切都无动于衷。她的心早就飞到了繁华热闹的大街上,满脑子想的都是卖完牛奶后的各种打算。等到那时,她的手上会有一笔钱,往常她总会在卖完牛奶后到市场上买各式各样的小东西,这是女孩最大的乐趣。

"对了,甜点铺的隔壁有漂亮的围巾卖。今天得去那里瞧一瞧,或许会找到花色美丽的围巾。"女孩想,"围上它到街上的广场走一走,别人肯定会认为我是好家庭出身的女孩。也许会有人跟我搭讪,可那时我该怎么办呢?如果那个人长得不怎么样,我就只报以浅浅的微笑,婉言拒绝。如果那个人很英俊,家世看来也不错,我要怎么办呢?如果那个人问我要不要参加今天晚上的舞会,还伸出手来邀请,我又该怎么办呢?对了,我必须做出千金小姐的模样,稍微屈膝,点头致意才行……"

好像现在就有一位绅士站在面前邀请她跳舞似的,女孩稍稍屈膝,伸出了一只手,垂下眼睛致意。可是,这下糟了,她头上的牛奶罐掉到地上摔破了!

　　　　　　幻想并没有什么错,但要分时间。在做事的时候千万不能沉溺于幻想,否则就会一无所获。

石头远没有想象中的那么大

有一户人家的院子里有一块很大的石头，它横躺在出门的必经之路上。要出门的人，常常会不小心踢到那一块大石头，尤其是刚刚学会走路的小儿子，因为它经常跌倒碰伤。

一天，儿子又跌了一跤，哭着跑到爸爸跟前，说："爸爸，那颗石头那么讨厌，我们把它挖走好不好？"

爸爸为难地说："那块石头啊？从你爷爷那个时代一直放到现在了，它露出地面的体积已经那么大，谁知道土下面有多大呢。要挖起来真不知道要挖到什么时候。别想着挖石头的事了，以后走路要小心一点，习惯就好。"

很多年过去了，这块大石头一直躺在那里。后来，那个小儿子也娶了媳妇，当了爸爸。

有一天，儿媳气愤地说："爸爸，院子里那块大石头，老是害我跌倒，改天请人搬走好了。"

爸爸回答说："算了吧！那块大石头很重的，可以搬走的话在我小时候就搬走了，哪里会让它留到现在啊！"

儿媳听了心里很不服气，那块大石头不知道让她跌倒了多少次，就算

成长中的智慧与哲理

再困难,也一定要把它挖走!

第二天早上,儿媳带着锄头到院子里挖石头。她已经做好了长期作战的心理准备,也许挖一天,也许挖两天,但不管挖多少天,一定要把它彻底挖走。可谁都没想到,几分钟后,石头就被挖了出来。这块石头远远没有想象的那么大,所有人都被它巨大的外表所蒙骗了。

很多时候事情并没有我们想象的那么艰难,阻碍我们前进的,仅仅是我们想象中的障碍和思想中的负担。

 ## 谁去往猫脖子上挂铃铛

有一群生活在富翁家里的老鼠,它们一直过着无忧无虑的生活,不愁吃喝,安闲自在。

然而,有一天,富翁的朋友无意送了他一只猫。这一下,它们的天敌来了,更糟糕的是,这只猫还是捉老鼠的高手,老鼠家族的数目眼看着一天一天在减少。

老鼠家族为此召开了一次全体会议。一个德高望重的老鼠站了起来,严肃地说道:"这是关系我们生死存亡的问题!下面大家商讨一下解决的方案吧!"

死亡的阴影笼罩了整个会场。大家公认为最聪明的老鼠站了起来，清了清嗓子说："我现在想出了一个好办法。大家都知道，所有的威胁都来自那只猫，我们只要躲开它，不被它抓住就行了。我们可以把一个铃铛挂到猫的脖子上，一旦猫向我们靠近，铃铛就会发出声响。我们听到铃声躲到洞里不就行了吗？"

聪明绝顶的老鼠刚说完，会场里就响起热烈的掌声。"不错，真是个好主意！"

刚才发言的老鼠笑容满面地领受着大家的夸奖，心中暗暗得意。这时，有一只小老鼠一边往后退，一边胆怯地说："可是谁去往猫脖子上挂铃铛呢？太可怕了，我可办不到。"

瞬间，喧闹的会场变得鸦雀无声了。

没有行动的智慧是毫无价值可言的。当你下定决心做一件事情时，一定要立即行动。光有美好的理想，而不付诸行动，那么，理想就永远只能是理想。

争强好胜的黄鼠狼

森林中有一只黄鼠狼，争强好胜，倔强固执又野蛮残酷。有一天，黄鼠狼发现了一只老鼠正溜向洞中，就拼命追赶，老鼠一见黄鼠狼追来了，吓得赶紧就跑，跑着跑着，老鼠看见路边一块大石头下边有一条小缝，就马上钻了进去。黄鼠狼眼看就要追上这只老鼠了，于是不顾一切，一口咬了下去，但老鼠刚好钻进了地缝，黄鼠狼这一口咬在了石头上，只听嘣的一声，黄鼠狼的牙齿被硌掉了，痛得蹦了起来。

黄鼠狼气急败坏，发誓一定要抓住这只老鼠，于是，黄鼠狼就隐藏在附近。一直等到天黑，老鼠哆哆嗦嗦地从地缝中爬出来，紧张地环顾四周，没有发现什么危险，才向自己家中跑去，黄鼠狼蹑手蹑脚地跟在后面，寻找到机会，猛一扑，一下子就把老鼠按在自己的爪子下面。

黄鼠狼抓到了老鼠，心中好不高兴，它想："我要一点一点地把你吃掉，让你慢慢地死掉，以报我牙齿被硌掉之仇。"可是，黄鼠狼的牙齿没有了，怎么才能吃下这只老鼠呢？

当黄鼠狼意识到这点时，自己感到很为难，但是想到这只老鼠给自己造成的巨大损失，黄鼠狼就说："别看我没有了牙，我就是用舌头舔也要把你舔死。"

于是，黄鼠狼就用舌头一点一点地舔，先舔掉了老鼠的毛，露出了红色的皮，接着又舔掉了它的皮，露出了白色的骨头，直到把这只老鼠舔得一点不剩。

森林里的动物们听说了这件事，都被黄鼠狼的狠毒所吓倒。自此之后，谁都对它敬而远之，见到它就好话连篇。黄鼠狼的心里别提有多得意了，它说："别看我没有牙，但是我的舌头好使，谁要是敢和我作对，我就舔死它。"

有一天,黄鼠狼对自己仅仅在森林里有点地位感到不太满足,就大摇大摆地向山下的村庄走去。刚来到一个小村庄的村门,只见有一个铁匠铺正袅袅地冒着烟。黄鼠狼径直走进铁匠铺,看见有一位铁匠正在打铁,根本没有在意这只黄鼠狼。黄鼠狼很生气地说:"喂,那位铁匠,见了我怎么也不打招呼,太不像话了,你应该知道我的本事了吧!"

那铁匠奇怪地回头看了一眼黄鼠狼,说:"你这只黄鼠狼有什么资格让我跟你打招呼,该干什么干什么去,不要影响我工作,哈哈,你还没有牙啊!"

黄鼠狼异常气愤,说:"我是森林之王,别看我没牙,我舌头的舔功可是天下第一,你要是对我无礼,我就舔死你。"

铁匠感到很好笑,就指着墙角说:"我那里有一把新打的锉刀,你要是能把它舔掉,我就尊你为王。"

黄鼠狼说:"一把小锉刀有什么了不起,看我把它舔掉。"说着就走过去舔起了锉刀,舔了几下,就把舌头舔破了,流了好多血。黄鼠狼反而高兴起来,以为舔下了铁,就接着使劲舔了起来,结果最后把舌头舔掉了。

做人要有自知之明,在现实生活中,喜欢争强好胜的人大有人在,但他们常常会因此而自取其辱。此外,做事不能被偶然的成功所迷惑。一次成功不代表事事成功,而一种方法也绝不可能解决所有的问题。

再弱小的对手也有可能打败你

在一个风景优美,繁密茂盛的森林里,居住着许多动物,不但有狮子、老虎、狼、狐狸等食肉动物,还有蚊子、蜘蛛这样的小生命。

有一只蚊子，它每天都在想："在这个王国中，狮子应该是百兽之王了吧，没有比它更有力更强大的动物了。只要我能把它打败，那么我将会成为森林大帝。"

经过一番认真的准备，这只蚊子终于向狮王宣战了。它扇动着翅膀飞到狮子面前，对狮子说："狮子，我不怕你，你并不比我强大，不信，咱们较量较量。"可惜蚊子的声音太弱小，狮子根本没听见，仍在那儿悠然地闭目养神呢。蚊子见了，气得火冒三丈，用尽吃奶的劲儿对狮子喊道："你这只笨狮子，我们比试比试，看你有什么本事？是用爪子抓，还是用牙齿咬，我比你强得多。"说着蚊子吹着喇叭鼓足了力气向狮子冲去。

狮子这下可慌了，觉得脸上奇痒无比，睁大了眼睛瞧，还是看不清蚊子进攻的方向。蚊子恶狠狠地向狮子的脸上咬去，它专咬狮子鼻子周围没有毛的地方。

狮子左躲右闪，用力晃动着头，张开血盆大口猛扑向蚊子，只是蚊子小巧灵活，狮子的嘴巴总是落空。气得它拼命挥动着爪子，一顿乱抓乱挠，尽管如此，还是没有捉住蚊子。

蚊子高兴极了，向狮子威胁说："快认输，不然我咬死你。"狮子从来没受过这个罪，它怒吼着扑向蚊子，不过很遗憾，又失败了。气得狮子哇哇乱叫，蚊子趁势又朝狮子发动了进攻，叮得狮子用爪子把自己的脸都抓破了。没办法，狮子只好落荒而逃。

"我赢了！"蚊子得意地吹着胜利的喇叭，唱起欢乐的凯歌飞走了，一边走一边喊："我战胜了狮子，我才是最了不起的，我要当森林之王。"

蚊子得意忘形地飞着，完全忘了四周存在的危险，突然，它自己钻进了一个软软的东西中，身体被粘住了。它挣扎着，想要离开，但是越挣扎粘得越紧，这下它清醒了，原来自己被蜘蛛网粘住了。一只蜘蛛凶相毕露地向它爬来，蚊子完全被胜利冲昏了头脑，并没有意识到自己的险境，它大声地对蜘蛛说："蜘蛛，我刚刚打败了狮子，你快放了我，我不屑于和你打仗。"

蜘蛛听了冷笑道："蚊子，你别白费气力了，不管你曾经打败过谁，现在都是我的俘虏，吃掉你易如反掌，你将成为一只蜘蛛的晚餐。"

蚊子叹息着说："我同最强大的动物都较量过，取得了辉煌的战果，没想到，却败在一只小小的蜘蛛手上。"

经过大风大浪的英雄，常常在小河沟里翻船。拿破仑兵败滑铁卢，关羽夜走麦城，都是绝好的例子。所以，无论遇到什么样的事情，都不可轻忽大意，否则，你就很可能吃大亏。

学习不是最枯燥的事

约翰·亚当斯是美国第二任总统。

亚当斯小时候，必须学拉丁文，但是，他觉得那是一件相当枯燥的事。于是他就告诉他的父亲说："我不喜欢拉丁文，能不能让我干点儿别的？也许我更适合于干其他的工作呢。"

"好吧，亲爱的亚当斯，"父亲说，"你可以试试挖条沟。前面的牧场需要挖一条沟，既然你希望找点儿别的什么干，那么不妨就试试看。"

亚当斯兴奋地跑到牧场干了起来，不久，他就觉得挖沟是一件苦差事，没有坐在桌子边学拉丁文舒服，于是准备恢复学习。但又不想在表面上流露出来，因为他很清高，自尊心驱使他又干了一天，然而劳累终于战胜了自尊心，他又跑回去学那"枯燥"的拉丁文去了。

直到晚年，约翰·亚当斯也还一直认为这件事为塑造他的性格起了重要的作用。

除了对学习拉丁文不感兴趣，亚当斯在童年时对别的科目也毫无兴趣，以致其父对他

施行的种种诱导方式均告失败。老亚当斯十分愤怒，便直截了当地问他10岁的儿子："你想干什么，孩子？"

"当农民。"小亚当斯毫不迟疑地回答。

"那么好吧，我要教给你怎样当农民。"老亚当斯更加气愤了，"明天早上你同我去彭尼渡口，帮助我收茅草。"

第二天一早，父子俩一起出发，沿着小河干了一整天活儿，弄得满身是泥。

小亚当斯回到家中累极了，对当农民的热情也锐减了。老亚当斯问儿子："你对当农民满意吗？"他认为他对孩子的教育已经收效了。

孩子的回答让他非常吃惊，"我非常喜欢它，先生。"

亚当斯倔强的性格维护着他那高贵的自尊心，但是，从此他真正开始认真读书了。

学习不是最枯燥的事情，有很多事情比学习更枯燥，但必须有人做。青少年时期是学习的最好时期，错过这段时间，你即使想学习，恐怕也达不到最好的效果了。

逻辑学家买猫

美国有一位工程师和一位逻辑学家，他们是无话不谈的好友。一次，他俩相约赴埃及参观金字塔。到埃及后，逻辑学家住进宾馆后，仍然习以为常地写起自己的旅行日记。工程师则独自徜徉在街头，忽然耳边传来一位老妇人的叫卖声："卖猫啊，卖猫啊！"工程师一看，在老妇人身旁放着一只黑色的玩具猫，标价500美元。这位老妇人解释说，这只玩具猫是祖传宝物，因孙子病重，不得已才出卖以换取住院治疗费。工程师用手一举猫，发现猫身很重，看起来似乎是用黑铁铸就的。不过，那一对猫眼是珍珠的。

于是，工程师对那位妇人说："我给你300美元，只买下两只猫眼吧！"

妇人一算，觉得行，就同意了。工程师高高兴兴地回到了宾馆，对逻辑学家说："我只花了300美元竟然买下两颗硕大的珍珠！"

逻辑学家一看这两颗大珍珠，少说值上千美元，忙问朋友是怎么一回事。当工程师讲完缘由，逻辑学家忙问："那位妇人是否还在远处？"

工程师回答说："她还坐在那里。想卖掉那只没有眼睛的黑铁猫！"

逻辑学家听后，忙跑到街上，给

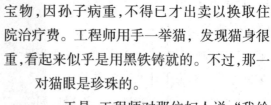

了老妇人200美元,把猫买了回来。工程师见后,嘲笑道:"你呀,花200美元买个没眼珠的铁猫!"

逻辑学家却不声不响地坐下来摆弄琢磨这只铁猫。突然,他灵机一动,用小刀刮铁猫的脚。当黑漆脱落后,露出的是黄灿灿的一道金色的印迹。他高兴地大叫起来:"正如我所想,这猫是纯金的!"

原来,当年铸造这只猫的主人,怕金身暴露,便将猫身用黑漆漆了一遍,俨然如一只铁猫。对此,工程师十分后悔。

　　一个成功的艺术品强调的是整体性和协调性,猫的眼珠既然是珍珠做成,那猫的身体能是不值钱的黑铁所铸吗?缺乏创造性的思维联想,分析和判断事情不全面深入,将会给你带来巨大的损失。

学习搭窝的麻雀

有一只燕子,她总是把窝搭在房顶下面。一只小麻雀是她的邻居,窝就在屋檐下面。可是,这哪是搭窝的地方啊!不过是排水管和房檐之间的一个小小的空隙罢了,小麻雀只不过在里边添了几只鸡毛,每晚就睡在那。

燕子每年都孵育小燕子,教他们飞行,唱歌。一家人快乐无比,很让人羡慕。麻雀却不一样,她每年也生不少蛋,可是一次都没有把小麻雀孵育长大:不是淘气的孩子们掏走了她窝里的蛋,就是小麻雀被猫吃掉了。

"你真幸福!"麻雀说,"你每年都能孵出小燕子,而我的孩子却总是保不住!"

"都怪你自己不好,"燕子说,"要是你的窝也有我的这样的结实,小孩和猫就没有办法了。"

"那就请你教我搭窝吧！"麻雀说，"你一定知道什么秘密，或者有什么诀窍呢！"

　　"搭窝要动动脑筋才行，"燕子说，"不过，其实也没有什么诀窍。来吧，让我们一起，我一定教会你。"

　　燕子和麻雀一起飞到了一个湖边。

　　"喂，我的朋友，你用嘴巴衔一点泥，就学我的样子。"燕子边说边努力衔了一大块泥。

　　"叽叽叽！"麻雀回答说，"依我看，不就是弄点泥巴嘛，什么诀窍也没有！"

　　燕子没有说什么，她衔着一块泥飞回家，把它糊到墙上。"你也这样做吧！"她又劝麻雀。

　　"我看见了，看见了！"麻雀很不耐烦地说，"这是再简单也没有了。我还以为你做的那个窝有什么秘密或诀窍呢。这样糊泥谁不会呀？不！这样的小事我不干！衔泥巴又脏又累。"

　　燕子一次又一次地飞到湖边，每次都衔回一块泥。泥衔够了以后，她又去衔稻草。材料备齐了，她就开始筑窝了。她一层泥，一层草，又一层泥，又一层草……把窝搭得严严实实。

　　"窝只有这样搭才行。"她教麻雀说，"先糊上一层泥，再加上一层草，再糊上一层泥，再糊上一层草……这样，一个结结实实、舒舒服服的窝就搭好了。"

　　"我知道，我知道！这里一点高明之处也没有！"麻雀以轻蔑的口吻叽叽喳喳地说。

　　燕子回答说：

"你知道是知道,可是光知道还搭不成窝,需要付出劳动才行。你如果不像我那样勤奋地劳动,你的小麻雀永远也不会长大成人!"

懒惰和愚昧在一起,勤奋和智慧在一起。再美丽、再高大的理想之树如果不植根于勤奋的土壤,就不会结出成功的硕果。

 谁是最好的木匠

在一个远方的国家,有两个非常杰出的木匠,他们的手艺都很好,难以分出高下。

有一天,国王突发奇想:"到底哪一个才是最好的木匠呢? 不如我来办一次比赛,然后封胜者为'全国第一的木匠'。"

于是,国王把两位木匠找来,为他们举办了一次比赛,限时三天,看谁刻的老鼠最逼真,谁就是'全国第一的木匠',不但可以得到许多奖品,还可以得到册封。

在那三天里,两个木匠都不眠不休地工作。到了第三天,他们把已雕好的老鼠献给国王,国王

把大臣全部找来,一起做本次比赛的评审。

第一位木匠刻的老鼠栩栩如生、纤毫毕现,甚至连鼠须也会抽动。

第二位木匠的老鼠则只有老鼠的神态,却没有老鼠的形貌,远看勉强是一只老鼠,近看则只有三分像。

胜负即分,国王和大臣一致认为第一个木匠获胜。

但第二个木匠当庭抗议,他说:"大王的评审不公平。"

工匠说:"要决定一只老鼠是不是像老鼠,应该由猫来决定,猫看老鼠的眼光比人还锐利呀!"

国王想想也有道理,就叫人到后宫带几只猫来,让猫来决定哪一只老鼠比较逼真。

没有想到,猫一放下来,都不约而同扑向那只看起来并不十分像的"老鼠",啃咬、抢夺;而那只栩栩如生的老鼠却完全被冷落了。

事实摆在面前,国王只好把"全国第一的木匠"的称号给了第二个木匠。

事后,国王把第二个木匠找来,问他:"你是用什么方法让猫也以为你刻的是老鼠呢?"

木匠说:"大王,其实很简单,我只不过是用鱼骨刻了只老鼠罢了!猫在乎的根本不是像与不像,而是腥味呀!"

在与人竞争时,实力当然是最重要的,但在实力相差不多的时候,就要学会动脑筋,用创新获得胜利。

机智的游僧

从前在蒙古国,有一个快活、机智的游僧。一次,他路过草原,碰见一个牧民无精打采地走着,手里拿着一条马尾巴。

"你出什么事了,为什么这样悲伤?"游僧关心地问他。

"我遭到了不幸!"牧民伤心地说,"一群狼把我的最后一匹马吃掉了,只剩下一条尾巴。你想想看,没有马我可怎么活啊?"

游僧听了很同情,说:"把马尾巴给我,你在这儿等着,我保证给你换回一匹比原先还好的马。"

牧民把马尾巴递给了游僧,就地等候。

游僧拿着马尾巴来到一个村子,那里住着一个贪婪奸诈的王爷。游僧在他的帐篷附近找了一个狐狸洞,使劲把马尾巴塞进洞里,用两只手抓着马尾巴。

过了一会儿,王爷骑着一匹快马疾驰而来,他看见游僧的样子很蹊跷,便停下,好奇地问道:

"你在这儿干什么?干吗揪着马尾巴?"

游僧回答说:

"我在这儿放马,一不留心,它钻进洞里去了。幸亏我跑得快,总算抓住了马的尾巴,否则就要失去一匹好马了。我先休息一下,就把它拽出来。"

"是匹什么马,跑得快不快?"贪婪的王爷问道。

"它跑起来风驰电掣一样,脚蹬子都磨坏了。我驾着它一天能绕地球跑七圈。它的鬃毛像高山顶上的白雪,两耳之间可以放置十头骆驼,它使起前蹄往上一蹿,鬃毛能触到云霄。"

97

世上哪有这样的好马！王爷听了垂涎三尺，扑通一声从马背上跳了下来，推开游僧，就去抓马尾巴，还翻脸训斥游僧："谁允许你在我帐篷周围放马的？立刻给我滚开！"

"唉哟，我的脚磨出血了，走不动路，请你给我想个办法吧！"游僧装着可怜巴巴的样子哀求道。

"你骑我的马走吧！把马尾巴给我。你给我滚远一点，我不愿意在我的帐篷周围见到你了。"王爷吼叫着。

游僧悻悻然骑上王爷的那匹快马，一溜烟向草原跑去，跑到那个牧民跟前，把马交给了他，自己又到各地漫游去了。

谋定而后动，做事前要有正确的谋划，最终才能取得成功。《孙子兵法》说"利而诱之"，机智的游僧就是利用王爷贪婪好利的心理，以一只马尾巴诱他上钩，结果换得了对方一匹好马。

通过思考形成自己的思想

春秋时候，有一个叫王寿的人，他爱书成癖，藏书丰富，远近闻名。古时的书，多是人工抄写在竹片上，再以皮革联结装束起来的。他为了有抄书的材料，就在自家房前房后种满了竹子。形成了一片竹林，并在门前的池塘里种了许多芦苇。他每天所有的时间除了吃饭睡觉都用来借书抄书看书。家里一院小房，除了他住的地方外，已经全部堆满了书。他每年不但要花许多时间把它们都搬出去晾晒一遍，免得被虫蛀蚀，还要翻检看有没有脱落的文字，及时补上。40多年来，王寿孤身一人过着这种自以为充实的生活，以苦为乐。

由于母亲去世了，王寿要到东周奔丧。他随身带了5本书，准备途中抽

98

空看看。

　　王寿已不年轻,5本竹简也够重,结果只走了一会儿就累得喘不过气来。有些走不动了。他只好坐在路边休息,并随手抽出一册书来读。

　　这时有个叫徐冯的东周隐士路过,见他背这么多书,就问他:"敢问是王寿先生吗?"王寿很奇怪地问:"你是谁?你怎么认识我呢?"徐冯告诉他自己叫徐冯。王寿也曾听说过他。

　　王寿说了自己此行的目的,并说自己不惜负重,全为了在旅途中读书充实自己。徐冯听了叹口气说:"无用。"

　　王寿听得一愣,呆呆地望着徐冯,不知他说的是什么意思。

　　徐冯拱了一揖,笑笑说:"书是记载言论和思想的。言论和思想又由于人的勤奋思考而产生。所以,聪明的人评价标准并不是以藏书的多少衡量的。我原认为你是聪明的人,为什么不去思考问题,形成思想,却要背着这累人的东西到处走呢?"

　　王寿听了,如梦方醒,立刻三拜徐冯,当场烧了自己所带的书,轻身去了东周。

智慧藏言

　　"纸上得来终觉浅,绝知此事要躬行。"读书和学习当然是有必要的,但最重要的还在于思考和实践,否则,通过读书和学习得到的东西是没有什么大用处的。

第六章

驴子是如何走出枯井的
——解决问题的智慧

难倒过爱因斯坦的测试题

有这样一道测试题：A 和 B 可以相互转化，B 在沸水中生成 C，C 在空气中氧化成 D，D 有臭鸡蛋的气味。请问 ABCD 分别是什么？

你知道答案吗？

如果不知道，也不要灰心，这道题曾经难倒过许多的硕士、博士、学者、

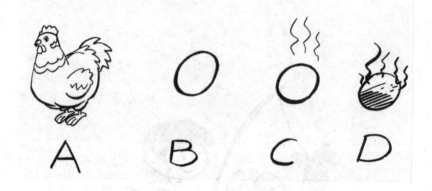

A   B   C   D

教授，甚至爱因斯坦这样的大科学家。

如果你知道答案，那么恭喜你。不过不要太得意，据说第一个说出正确答案的是在大街上修鞋的王二。

对于这道题，很多高学历人士，都是从"D 有臭鸡蛋的气味"这个已知条件开始推断的。这很简单，在上中学的时候我们就已学过，臭鸡蛋气味意味着硫化氢，是一种有毒有害气体，浓度高时可以致人死亡。那么什么东西可能被氧化成硫化氢呢？这个问题恐怕就要难倒一批硕士博士了，可能有几个备选答案，但不见得是"在空气中氧化"而成的。至于 A 和 B 可能是什么，别说教授，恐怕连上帝都回答不出来了。

其实，答案很简单，那个王二说 ABCD 分别是鸡、鸡蛋、熟鸡蛋和

臭鸡蛋。

王二没上过学，他不知道什么叫硫化氢以及硫化氢是什么气味，他只知道臭鸡蛋有臭鸡蛋味。

是的，这是个简单答案，简单得都让人想不到。

为什么越简单越不容易想到呢？是因为我们知道得越多，往往就绕离事物的本源越远；我们的知识越丰富，就越容易把简单的事情想复杂；我们的眼光越高远，就越容易被眼前的石头绊倒；我们在人生的路上走得越远，就越容易忘记人生本来的目的和意义。

 ## 所谓标准答案

爸爸从报纸上看到一个脑筋急转弯，吃晚饭时就想考考儿子。

爸爸问儿子："有一个女孩从海边的沙滩上走过，她的身后为什么没有脚印？"

儿子顿了顿问："当时天黑了吗？"

爸爸说："这跟天黑有什么关系？"

儿子回答说："如果天黑了，连人都看不见，自然看不到沙滩上的脚印。"

儿子说得有点道理，爸爸只好说天没有黑。

"那么，是黄昏的时候吧？"儿子接着问。

爸爸有点儿不耐烦了："这有关系吗？"

"如果是黄昏，开始涨潮了，潮水就把脚印冲刷掉了。"

爸爸耐着性子说是中午，心里想这回儿子可该说出答案了吧，没想到儿子继续问："这个女孩是个杂技演员吗？"

爸爸简直有点恼火了："也有关系啊？"

儿子不紧不慢地说："当然，如果她是个杂技演员，那么她可能是用两手在沙滩上行走，沙滩上只有手印，没有脚印。"

爸爸强压怒火尽量克制自己说："她不是杂技演员。"

"那么就只有两种可能了，一是她在水中走……"

没等儿子说完，爸爸便忍无可忍地喊道："她没有在水中走！"

"那么就只剩下一种可能，她是倒退着走，脚印在她的前面，而身后没有脚印。"儿子终于说出了爸爸所期望的"标准答案"。

现实生活中，有很多问题并不存在什么标准答案。不同的人分析同一问题会有不同的结果，同一个人从不同角度分析同一个问题，也会有不同的结果。所以，在遇到问题时一定要注意开阔思路，此外，在没有把握的情况下不要轻易否定别人。

唯一的"第一"也失去了

一个念小学的女孩，每天都第一个到校，第一个到教室，等待一天的开始。她的同学途中遇到她,问她为什么每天都那么早到校,她带着腼腆的笑容,回答了这个问题。

原来,她学习成绩不怎样,长相也普通,在家中排行中间,她从来不知"第一名"的滋味是什么。某次,她发现当她第一个到达教室时,竟意外地获得一种类似"第一名"的喜悦。她很快乐,也有了期待。

她一面走着,一面向同学袒露心中的小秘密,周身散发出一股期待及喜悦的光芒。接近教室的时候,她心中甚至升起了一种不小的兴奋和快感……

不料,她的同学一个箭步往前跨过去,推开了教室门,"第一个"冲了进去,然后回头望着,露出胜利的微笑。她的光芒顿时隐去,她的心隐隐作痛。她忍住泪水,脱口说出一句:"第一,是我的,你怎么可以……"

她说不出下面的话,她连这个"第一"也失去了。

要想获得第一,就必须提高自己的实力去竞争,而不能寄希望于别人的谦让。

最聪明的方法

很久很久以前,在一个山脚下住着一对夫妇,他们有三个儿子,一家人靠采草药维持生活。

每一年,父亲都要把采来的草药晾干,拿麻袋装好后,用驴车运到很远的县城里去卖。每次父亲去县城时,三个儿子都想跟着去,但是,父亲每次只能带一个儿子去,因为家中也不能离开人手啊,体弱多病的母亲需要照顾,草药也还得继续去采呀。

有一次,父亲又该进城去了。临出发的前几天,他就把三个儿子叫到跟前,给他们每人五两银子,说:"院子里有三间空屋子,你们各自去买样东西将一间屋子放满。这一次,谁做得最好,我就带谁进城。"

第二天,老大和老二一清早就出门了。将近上午时,大儿子买回来好几车的木头,堆满了一间屋子。可把他累得够呛,气喘吁吁,汗流浃背的。

二儿子买回来好几车稻草,把一间屋子堆得满满的。他也累得够呛,腰酸背疼,气喘吁吁的。

小儿子呢,却一直不见动静,他那间屋子从清早到傍晚都是空荡荡的。到了夜晚,这间屋子更显得黑洞洞的。可是,当小儿子买来了一盏灯,把它点亮后,就照得满屋子亮亮堂堂的了。

结果,父亲赞扬了小儿子的做法最聪明。当然啦,这次跟父亲一道进城的也只能是小儿子了。

用蛮力去解决问题永远是最愚蠢的做法,学会运用你的大脑,你才能成为一个聪明的人。

驴子是如何走出枯井的

有一天某个农夫的一头驴子,不小心掉进一口枯井里,农夫绞尽脑汁想办法救出驴子,但几个小时过去了,驴子还在井里痛苦地哀嚎着。最后,

这位农夫决定放弃,他想这头驴子年纪大了,不值得大费周章去把它救出来,不过无论如何,这口井还是得填起来。于是农夫便请来左邻右舍帮忙一起将井中的驴子埋了,以免除它的痛苦。农夫的邻居们人手一把铲子,开始

将泥土铲进枯井中。

当这头驴子了解到自己的处境时,刚开始哭得很凄惨。但出人意料的是,过了一会儿这头驴子就安静下来了。农夫好奇地探头往井底一看,出现在眼前的景象令他大吃一惊:当铲进井里的泥土落在驴子的背部时,驴子的反应令人称奇——它将泥土抖落在一旁,然后站到铲进的泥土堆上面!就这样,驴子将大家铲倒在它身上的泥土全数抖落在井底,然后再站上去。很快地,这只驴子便得意地上升到井口,然后在众人惊讶的表情中迈着快步跑开了!

其实,我们在学习和生活中所遭遇的种种困难和挫折就如同加在我们身上的"泥沙"。如果你换个角度看,它们也可以是一块块的垫脚石,只要我们锲而不舍地将它们抖落掉,然后站上去,那么即使是掉落到最深的井里,我们也能安然地脱困。

做事一定要有耐心

有一次,佛陀和他的侍者走在路上。

中午的时候,佛陀饥渴难耐,便对侍者说:"刚才我们不是经过一条小溪吗?你去弄些水喝。"

于是,侍者拿着容器去盛水。路不远,他一会儿就找到了。可他刚到那里,就有一对商人骑着马从那条小溪经过,溪水被他们弄得浑浊不堪,根本不能喝!

于是侍者转身回去,告诉佛陀:"溪水被那些商人弄脏了,不能喝,还是重新找条小溪吧!我知道前面就有一条小溪,而且溪水非常清澈,离这里也不远,两个时辰就能到。"

佛陀说:"我们离这条小溪近,而且我现在口渴难耐,为什么还要再走

两个时辰的路,去找前面的那个小溪呢? 你还是到刚才的那个小溪吧。"

侍者满脸不悦地拿着容器又去了,他心想:"刚才不是看了嘛! 水那么脏,怎么能喝呢? 现在又让我去,这不是白白浪费时间吗? "

他决定不去了,转身对佛陀说:"我都告诉你了,溪水已经弄脏了,你为什么还要我白跑一趟呢? "

佛陀什么也没有向他解释,说道:"做事一定要有耐心! 等一会儿你就知道了。你现在要做的只是顺从,你肯定不会白跑的! "

侍者只好又去了,可当他再次来到小溪边的时候,却看到溪水是那么的清澈、纯净,泥沙早已不见了。

在遇到问题的时候,不要迷信于自己以前看到的或者听到的东西,多一点耐心,你就会发现新的变化。

 吃西瓜的学问

一个年轻人非常羡慕一位富翁一生中在生意场上取得的成就,于是他跑到富翁那里询问他成功的诀窍。

当年轻人把来意对富翁讲了以后，富翁什么也没有说，转身到起居室拿来了一个大西瓜。年轻人迷惑不解地看着，只见富翁把西瓜切成了大小不等的三块。富翁把西瓜放在年轻人的面前说："如果每块西瓜代表一定程度的利益，你

会如何选择呢？"说完，就指着切好的西瓜让年轻人随手挑一块。

年轻人眼睛盯着最大的那块说："当然是最大的那块了。"

"那好，请用吧。"富翁笑了笑说，然后把最大的那块西瓜递给年轻人，自己却吃起了最小的那块。在年轻人还在享用最大的那一块西瓜的时候，富翁已经吃完了最小的那块。接着，富翁微笑着拿起剩下的一块，还故意在年轻人眼前晃了晃，大口吃了起来。

其实，那块最小的和最后一块加起来要比最大的那一块大得多。

年轻人明白了富翁的意思：虽然富翁吃的西瓜没有自己的大，却比自己吃得要多。

不要被事物的某一表象所迷惑，要尽量做出科学合理的抉择，只有这样，才能更好地认识和利用事物。

狮子的"懦弱"

一头饥饿的狮子发现了一群正在吃草的野牛,狮子塌腰沉背,借助青草的掩护,悄悄地向野牛靠近。

狮子离野牛越来越近,野牛们却丝毫没有感觉到危险,仍悠然地啃食着青草。

狮子进入了捕捉范围,跃身而起,箭一般奔向野牛群,野牛惊慌奔逃。狮子紧追着一头还未长结实的野牛。野牛拼命奔逃着,每当狮子要追上它时便拐个弯,便可和狮子拉开一段距离。可没多久,野牛就体力不支了。狮子和野牛的距离在不断缩小。

突然地,野牛刹住脚,猛转过身,锋利的犄角转向狮子。狮子也停下了脚步,左右试探着寻找进攻的机会,可野牛的犄角始终对着它。狮子和野牛对峙着,僵持着。

突然,野牛向前迈进了一步,狮子竟后退了一步,并仰面躺下,四肢朝天,宛如一只小猫,只是眯起的眼睛仍牢牢盯着野牛。狮子的"懦弱"让野牛豪气顿生,用犄角猛扎着躺在地上的狮子⋯⋯

这是中央电视台《人与自然》节目中的一组镜头。接下来,电视画面就

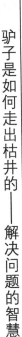

被野牛硕大的躯体遮挡住了,足足有三秒钟,一动不动。这短短的三秒钟却分开了胜败,隔开了生死。

三秒钟后,威猛进攻的野牛硕壮的身体慢慢倒了下去,没有丝毫挣扎。狮子的血口利齿已紧咬在野牛的喉咙上。

弱肉强食是自然界的规律,无须感叹。但智慧的作用不容忽视:狮子不仅胜在利齿,还有狡黠;野牛不仅败在没有利齿,还有被蒙骗后的盲目自大。

　　勇敢和智慧相结合,可以战胜对手;勇敢与自大相结合,只会伤害你自己。

 心境决定心情

决定一个人心情的,不是在于环境,而在于心境。

苏格拉底是单身汉的时候,和几个朋友一起住在一间只有七八平方米的小屋里。尽管生活非常不便,但是,他一天到晚总是乐呵呵的。

有人问他:"那么多人挤在一起,连转个身都困难,有什么可乐的?"

苏格拉底说:"朋友们在一块儿,随时都可以交换思想,交流感情,这难道不是很值得高兴的事儿吗?"

过了一段时间,朋友们一个个相继成家了,先后搬了出去。屋子里只剩下了苏格拉底一个人,但是每天他仍然很快活。

那人又问:"你一个人孤孤单单的,有什么好高兴的?"

"我有很多书啊!一本书就是一个老师。和这么多老师在一起,时时刻刻都可以向它们请教,这怎能不令人高兴呢?"

几年后,苏格拉底也成了家,搬进了一座大楼里。这座大楼有7层,他的家在最底层。底层在这座楼里环境是最差的,上面老是往下面泼污水,丢死老鼠、破鞋子、臭袜子和杂七杂八的脏东西，那人见他还是一副自得其乐的样子，好奇地问："你住这样的房间，也感到高兴吗？"

"是呀！你不知道住一楼有多少妙处啊！比如，进门就是家，不用爬很高的楼梯，搬东西方便，不必费很大的劲儿；朋友来访容易，用不着一层楼一层楼地去叩门询问……特别让我满意的是，可以在空地上养一丛一丛的花，种一畦一畦的菜，这些乐趣呀，数之不尽啊！"苏格拉底情不自禁地说。

过了一年，苏格拉底把一层的房间让给了一位朋友，这位朋友家有一个偏瘫的老人，上下楼很不方便。他搬到了楼房的最高层——第7层，可是每天他仍是快快乐乐的。

那人揶揄地问："先生，住7层楼是不是也有许多好处呀？"

苏格拉底说："是啊，好处可真不少呢！仅举几例吧，每天上下几次，这是很好的锻炼机会，有利于身体健康；光线好，看书写文章不伤眼睛；没有人在头顶干扰，白天黑夜都非常安静。"

后来，那人遇到苏格拉底的学生柏拉图，问道："你的老师总是那么快快乐乐，可我却感到，他每次所处的环境并不那么好呀。"

柏拉图说："决定一个人心情的，不在于环境，而在于心境。"

在生活和学习中，乐观的心态是最重要的。任何对客观环境的不满和怨天尤人都是无济于事的，只有以积极向上的精神去面对生活和学习，才是解决问题的最佳方法。

去除杂草的最好方法

一位哲学家带着一群学生去漫游世界。10年间，他们游历了很多的国家，拜访了很多有学问的人。现在他们回来了，每个人都满腹经纶。

在进城之前，哲学家在郊外的一片草地上坐了下来，说："10年游历，你们都已是饱学之士，现在学业就要结束了，我们上最后一课吧！"

弟子们围着哲学家坐了下来。哲学家问："现在我们坐在什么地方？"弟子们答："现在我们坐在旷野里。"哲学家又问："旷野里长着什么？"弟子们说："旷野里长满杂草。"

哲学家说："对，旷野里长满杂草。现在我想知道的是你们如何除掉这些杂草。"弟子们非常惊愕，他们都没有想到，一直在探讨人生奥妙的哲学家，最后一课问的竟是这么简单的问题。

一个弟子首先开口，说："老师，只要有铲子就够了。"哲学家点点头。

另一个弟子接着说："用火烧也是很好的一种办法。"哲学家微笑了一下，示意下一位。

第三个弟子说："撒上石灰就会除掉所有的杂草。"

接着讲的第四个弟子，他说："斩草除根，只要把根挖出来就行了。"

等弟子们讲完了，哲学家站起来，说："课就上到这里了，你们回去后，按照各自的方法去除一片杂草。一年后,再来相聚。"

一年后,他们都来了,不过原来相聚的地方不再是杂草丛生,它变成了一片长满谷子的庄稼地。弟子们围着谷地坐下,等待哲学家的到来,可是哲学家始终没有来。

若干年后,哲学家去世了。弟子们在整理他的言论时,他们私自在最后补了一章:要想除掉旷野里的杂草,方法只有一种,那就是在上面种上庄稼。同样,要想让灵魂无纷扰,唯一的方法就是用美德去占据它。

要想让自己的灵魂永远保持纯洁、不受干扰,最好的办法便是用美德去占据它。

如何对付博学的魔鬼

海底里有一个瓶子,这瓶子里困着一个魔鬼。那是五百年前一个神仙把魔鬼收到瓶里的。魔鬼曾经许过一个愿,谁能把这个瓶子捞起来,把瓶塞打开,把他救出来,他就赠给这个人一座金山。可是,五百年过去了,还没有人把这瓶子捞起来。魔鬼十分气恼。他诅咒说:"以后,如果谁把我救出来,我就一口把这个人吞掉。"

一天,有一个青年渔夫撒网捕鱼,当他收网的时候,发现网里有一个古旧瓶子,他把瓶塞打开,啊!一阵浓烈的烟雾喷出来,徐徐吐出一个比山还大的魔鬼。

"哈哈哈哈!"魔鬼的笑声,震得海涛汹涌起来。他说,"年轻人,你把我救出来,我本应谢谢你,可是,你做得太迟了,倘若你早一年把我救起,你就可以得到一座金山啦!唉,我等了五百年,我太不耐烦了,我已经许了恶愿,要把救我出来的人一口吃掉!"

那青年吃了一惊,但立即镇定地说:"哟,这么小小的瓶子,怎能把你盛

下呀,你一定说谎,你再回到瓶子给我看看吧!"

魔鬼听了之后,又是一声大笑:"哈哈哈哈,我不会上当的!天方夜谭早把这个古老的故事说过了,我如果再钻入瓶子里,你把塞子再塞上,故事不就说完了吗?"

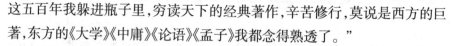

青年做惊讶状,应道:"什么?你有看过天方夜谭吗?你真是一个博学多才之士呀!你有看过苏格拉底的哲学著作吗?"

魔鬼闻听,骄傲地说道:"那是当然!这五百年我躲进瓶子里,穷读天下的经典著作,辛苦修行,莫说是西方的巨著,东方的《大学》《中庸》《论语》《孟子》我都念得熟透了。"

青年更加吃惊,问道:"哦,那么中国太史公的《史记》你也颇有研究吧?墨子的著作有涉猎吗?"

魔鬼不耐烦了,说道:"别说了,经史子集无一不通!"

青年连忙问出最后一个问题:"不过,我想你一定没有见过《红楼梦》的手抄本,这是一部难得一见的版本呢!"

"哈哈哈,你这个小子太小觑我了,这本书的收藏者正是我呀!让我拿出来给你开开眼界吧!"魔鬼说完,立即化作一阵浓烟,徐徐进入瓶子里。

这个时候,青年渔夫不再迟疑,连忙用瓶塞堵住瓶子。

知识可以改变命运,但前提是切勿将知识当作炫耀的资本,切勿自吹自擂自己懂得有多么多,否则,你就会停滞不前甚至开始倒退。

 ## 泡沫花环

从前有一个国王,后宫的后妃为他生了一群白白胖胖的王子,可是他却希望有一个美丽的女儿。好不容易,他最宠爱的妃子终于为他生了一位晶莹剔透的公主。国王非常疼爱小公主,视如掌上明珠,舍不得训责,凡是公主所要求的东西,国王从来不会拒绝,就是天上的星星,国王也恨不得攀登天空,为公主摘下来,点缀为彩衣。

公主在国王的呵护纵容下,慢慢成长为少女,渐渐懂得装扮自己。有一天,春雨初霁的午后,公主带着婢女徜徉于宫中花园,只见树枝上的花朵,经过雨水的润泽,花苞上挂着几滴雨珠,显得愈发的妖艳;蓊郁的树木,翠绿得逼人眼睛。公主正在欣赏雨后的景致,忽然目光被荷花池中的奇观吸引住了。原来池水热气经过蒸发,正冒出一颗颗状如琉璃珍珠的水泡,浑圆晶莹,闪耀夺目。公主被这种景象迷住了,突发异想:

"如果把这些水泡串成花环,戴在头发上,一定美丽

极了！"

打定主意，于是叫婢女把水泡捞上来，但是婢女的手一触及水泡，水泡便破灭无影。折腾了半天，公主在池边等得愤愤不悦，婢女在池里捞得心急如焚。公主终于气愤难忍，一怒之下，便跑回宫中，把国王拉到池畔，对着一池闪闪发光的水泡说：

"父王！你一向是最疼爱我的，我要什么东西，你都依着我。女儿想要把池里的水泡串成花环，作为装饰，你说好不好？"

"傻孩子！水泡虽然好看，终究是虚幻不实的东西，怎么可能做成花环呢？父王另外给你找珍珠水晶，一定比水泡还要美丽！"国王无限怜爱地看着女儿。

"不要！不要！我只要水泡花环，我不要什么珍珠水晶。如果你不给我，我就不想活了。"公主骄纵撒野地哭闹着。

束手无策的国王只好把朝中的大臣们集合于花园，忧心忡忡地商议道：

"各位大臣们！你们号称是本国的奇工巧匠，你们之中如果有人能够以奇异的技艺，以池中的水泡，为公主编织美丽的花环，我便重重奖赏。"

"报告陛下！水泡刹那即灭，触摸即破，怎么能够拿来做花环呢？"大臣们面面相觑，不知如何是好。

"哼！这么简单的事，你们都无法办到，我平日如何善待你们？如果无法满足我女儿的心愿，你们统统提头来见。"国王盛怒地呵斥道。

"国王请息怒，我有办法替公主做成花环。只是老臣我老眼昏花，实在分不清楚水池中的泡沫，哪一颗比较均匀圆满，能否请公主亲自挑选，交给我来编串。"一位须发斑白的大臣神情笃定地出来打圆场。

公主听了，兴高采烈地拿起瓢子，弯起腰身，认真地舀取自己中意的水泡。本来光彩闪烁的水泡，经公主轻轻一触摸，霎时破灭，变为泡影。捞了老半天，公主一颗水泡也拿不起来，睿智的大臣于是慈爱地对一脸沮丧的公主说：

"水泡本来就是生灭无常，不能常驻久留的东西，如果把人生的希望建立在这种虚幻不实、瞬间即逝的现象上，到头来必然一无所获。"

坚持未必胜利,放弃也不见得就是懦弱。坚持做一件做不到的事情,是对生命的一种浪费,在这种时候,你需要做的就是勇敢的放弃。

 ## 一座千年水渠的坍塌

哲学家乌纳穆诺曾讲述过西班牙塞戈维亚引水渠的故事。

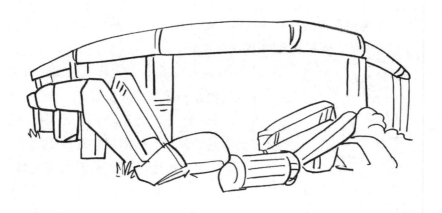

这条人工水道修建于公元 109 年的罗马时代。1800 多年以来,山里面的凉水经由该水道流到这座干燥炎热的城市。世世代代的塞戈维亚人的生活用水都依赖这座引水渠。

然而,到了最近的一代人,有人提出建议:"塞戈维亚的引水渠是一项宏伟的工程、一个伟大的奇迹,应该把它保护起来,留给我们的子孙后代。况且,这条引水渠用了这么多年,也该让它歇息了。"

于是,这个城市的人们动手铺设了一条新的铁皮水管,代替了原先引水入城的古引水渠。

然而现代化的水管铺好后不久,这座古老的引水渠就发生了质变。经过日光的暴晒之后,那些千年古砖和石块开始开裂,干涸的引水渠很快就

第六章

驴子是如何走出枯井的——解决问题的智慧

119

到处坍塌。一条历经千年水流不息的引水渠最终就被短暂的闲置葬送掉了。

这个故事给了我们三方面的启迪：文物是要保护的，但如何保护很值得研究；好心不一定有好效果，动机和效果应统一起来；承载不见得是坏事，闲置不一定是好事。

你并没有用尽你的全部力量

一个小男孩在他的玩具沙箱里玩耍，沙箱里有他的玩具小汽车、敞篷货车、塑料水桶和塑料铲子。

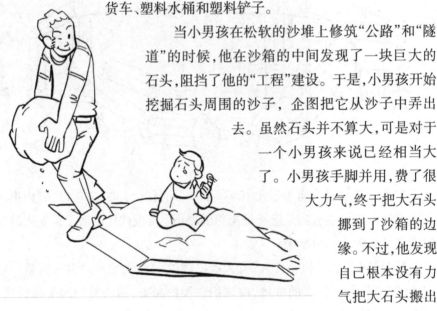

当小男孩在松软的沙堆上修筑"公路"和"隧道"的时候，他在沙箱的中间发现了一块巨大的石头，阻挡了他的"工程"建设。于是，小男孩开始挖掘石头周围的沙子，企图把它从沙子中弄出去。虽然石头并不算大，可是对于一个小男孩来说已经相当大了。小男孩手脚并用，费了很大力气，终于把大石头挪到了沙箱的边缘。不过，他发现自己根本没有力气把大石头搬出沙箱的"墙"。

但是，小男孩下定决心要把大石头搬出去，于是他用手推，用肩拱，左摇右晃，一次又一次地努力。可是，每当刚刚有一点进展的时候，大石头就又滚回原处。最后一次努力时，大石头滚回来砸伤了他的手指头。

终于，小男孩再也忍不住了，大哭起来。其实，这件事的整个过程都被小男孩的父亲透过起居室的窗户看得一清二楚。就在小男孩哭泣的时候，父亲忽然出现在小男孩的面前。父亲温和地对小男孩说："儿子，你为什么不用尽你所拥有的全部力量呢？"

小男孩十分委屈地说："我已经用尽我的全部力量了。"

"不对，儿子。"父亲亲切地说，"你并没有用尽你所拥有的全部力量，你并没有请求我的帮助啊。"说完，父亲弯下腰，抱起那块大石头，把它搬出了沙箱。

所谓的用尽全力，并不只是你自己的全部力量，还包括你所能求助到的任何力量。

不要太在意别人的说法

从前，在某个村庄，住着一个农夫，农夫有一头毛驴。有一天，他把土豆装在驴背上去集市上卖。做完买卖，他高高兴兴牵着毛驴回家，嘴里还哼着小曲。

路上碰见一个人，那人说："哎呀！真笨，有驴不骑，偏要费劲地走路。"

农夫想了想，觉得有道理。便骑着毛驴回家，果然很舒服。

不久，他又碰见一个人，那人说："真不像话，毛驴每天为你辛苦劳动，你竟然还要骑着它，让它得不到休息。"农夫一拍脑袋说："是呀，我真没良心。"

他跳下驴来，却不知怎么办好，不骑也不对，骑也不对，怎么办呀？他只好扛着毛驴回家。路上的人都笑道："瞧！那个大傻瓜。"

农夫一气之下，把毛驴扔下悬崖。看见的人都说："真残忍，好端端毁了一头毛驴。"

农夫气得哇哇叫："我死了，总不会有人说什么了吧？"

他一头扎下悬崖。可是人们依旧说道："这家伙真是不可救药，连自己都敢扔。"

走自己的路，让别人去说吧。别人的说法可以作为参考，但不能左右你的思想。

第七章

心才是成败的关键
——成功的资本

资质决定不了成功

曾经有个著名的雕刻师准备塑造一尊佛像让人膜拜。精挑细选后，他看上其中一块质感上乘的石头。

没想到，他才拿起锉刀敲几下，这块石头就痛不欲生，不断哀号："痛死了，痛死了，哎呀，不要再刻了，饶了我吧！"

雕刻师只好停工，让其躺在地上，另外再找了一块质感差一点的石头重新琢磨。

只见这块较差的石头，任凭刀琢棒敲，一概咬紧牙根承受，默然不出一声。雕刻师更是卖力，在精雕细琢下，果然雕成了极品。

大家惊叹为杰作，决定加以供奉，供善男信女日夜顶礼膜拜，从此，该庙宇香火鼎盛，远近驰名。

不久，无法忍受雕刻之痛的前一块石头，被人废物利用，铺在通往庙宇的马路上。人车频繁经过，又要承受风吹雨打，实在痛苦不堪，内心亦愤愤不平。它质问庙里这尊佛像，说道："你资质比我差，却享尽人间礼赞尊崇，我却每天遭受凌辱践踏，日晒雨淋，凭什么？"

佛像只是微笑，说："谁叫你当初受不了苦，没敲几下，就哇哇大叫？"

资质、天赋可以帮助你成为人才,但不能决定你成为人才。再好的资质,再高的天赋,如果不通过努力,那也只能是绣花枕头,中看不中用。

 一只寒号鸟的悲剧

在古老的原始森林,阳光明媚,鸟儿欢快地歌唱,辛勤地劳动,其中有一只寒号鸟,有着一身漂亮的羽毛和嘹亮的歌喉,它到处游荡卖弄自己的羽毛和嗓子。看到别人辛勤地劳动,反而嘲笑不已,好心的鸟儿提醒它说:"寒号鸟,快垒个窝吧!不然冬天来了怎么过呢?"

寒号鸟轻蔑地说:"冬天还早呢?着什么急呢!趁着今天的大好时光,快快乐乐地玩玩吧!"

就这样,日复一日,冬天眨眼就到来了。鸟儿们晚上都在自己暖和的窝里安详地休息,而寒号鸟却在夜间的寒风里,冻得瑟瑟发抖,用美丽的歌喉悔恨过去,哀叫未来:"抖落落,抖落落,寒风冻死我,明天就垒窝。"

第二天,太阳出来了,万物苏醒了。沐浴在阳光中,寒号鸟好不得意,完全忘记了昨天晚上的痛苦,又快乐地歌唱起来。

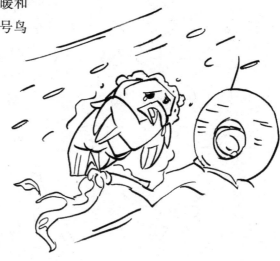

有鸟儿劝它："快垒窝吧！不然晚上又要发抖了。"

寒号鸟嘲笑地说："不会享受的家伙。"

晚上又来临了，寒号鸟又重复着昨天晚上的故事。就这样重复了几个晚上，大雪突然降临，鸟儿们奇怪寒号鸟怎么不发出叫声了呢？太阳一出来，大家一看，寒号鸟早已被冻死了。

"少壮不努力，老大徒伤悲。"不要总是把希望寄托在"明天"，一定要在"今天"奠定成功的基石。

被误解的两尊大理石雕塑

纳尔逊中学是美国最古老的一所中学，它是第一批登上美洲大陆的 73 名教徒集资创办的。在这所中学的大门口，有两尊用苏格兰黑色大理石雕成的雕塑，左边的是一只苍鹰，右边的是一匹奔马。

300 多年来，这两尊雕塑成了纳尔逊中学的标志。它们或被刻在校徽上，或被印在明信片上，或被缩成微雕摆放在礼品盒中。许多人以为鹰代表着鹏程万里，马代表着马到成功。

可是，仔细研究《美国历史》，了解了这两尊雕塑的

成长中的智慧与哲理

126

缘起,就会发现,根本不是那么回事。

那只鹰所代表的不是鹏程万里,它其实是一只被饿死的鹰。这只鹰为了实现飞遍世界的远大理想,苦练各种飞行本领,结果忘了学习觅食的技巧,它在踏上征途的第四天就被饿死了。

那匹马也不是什么千里马,而是一匹被剥了皮的马。开始的时候它嫌它的第一位主人——一位磨坊主给的活多,乞求上帝把它换到一位农夫家。上帝满足了它的愿望,可是后来它又嫌农夫给它的饲料少。最后它到了一位皮匠手里,在那什么活也没有,饲料也多,可是没几天,它的皮就被剥了下来。

那73名教徒之所以把这两尊雕塑耸立在学校的大门口,为的是让学生们警醒。

生存技能是最重要的,不能生存,又谈何发展与享受呢?

 ## 你们接受的教育才刚刚开始

在哈佛大学一座教学楼前的阶梯上,有一群即将毕业的机械系大四学生,他们很快就要参加最后一门考试了。等它结束后,接下来的就是举行毕业典礼和找工作。

有几个人说他们已经找到工作了,其他的人则在讨论他们想要得到的工作。怀着对四年大学教育的肯定,这些大学生们觉得自己早就做好了充分的心理准备,他们一定能征服外面的世界。

教授告诉大家,考试时可以带书和笔记,但不能交头接耳。

同学们注意到试卷上只有五道论述题,个个喜形于色。但是,三个小时过去了,没有一个学生解答出其中的任何一道。

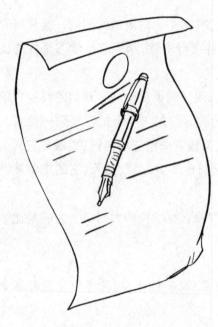

教授凝视着大家忧郁的脸说："这正是我所预料到的结果。我只是要加深你们的印象——那就是，即使你们已经完成了四年的工程教育，但仍旧有许多有关工程的问题你们全然不知。这些你们不能回答的问题，在将来的日常操作中是非常普遍的。"

教授带着微笑接着说："这个科目你们都不会及格，要记住，虽然你们是大学毕业生，但你们接受的教育才刚刚开始。"

时光流逝，在很多学生的心里，这位教授的名字已经被忘记，但他的训诫却留了下来。

在学校中所接受到的教育只是一个开始，只是人生教育的一部分，切不可以此为满足，停滞不前。

 ## 在黑暗中更易寻找出路

一个商人在翻越一座山时，遭遇了一个拦路抢劫的土匪。商人立刻逃跑，但土匪穷追不舍。走投无路时，商人钻进了一个山洞，土匪也追进了山洞里。

在洞的深处，商人未能逃过土匪的追逐。黑暗中，他被土匪逮住了，遭到了一顿毒打，身上的所有钱财，包括一把夜间照明用的火把，都被土匪掳

 成长中的智慧与哲理

去了。

　　幸好土匪并没有要他的命,之后,两个人各自寻找着洞的出口。

　　这山洞极深极黑,且洞中有洞,纵横交错。两个人置身洞里,像置身于一个地下迷宫。

　　土匪庆幸自己从商人那里抢来了火把,于是他将火把点燃,借着火把的亮光在洞中行走。火把给他的行走带来了方便, 他能看清脚下的石块,能看清周围的石壁,因而他不会碰壁,不会被石块绊倒。但是,他走来走去, 就是走不出这个洞。最终,他力竭而死。

　　商人失去了火把,没有了照明,他在黑暗中摸索行走得十分艰辛。他不时碰壁,不时被石块绊倒,跌得鼻青脸肿。但是,正因为他置身于一片黑暗中,所以他的眼睛能够灵敏地感受到洞口透进来的微光。他迎着这缕微光摸索爬行,最终逃离了山洞。

　　没有火把照明的商人最终走出了黑暗,而有火把照明的土匪却永远葬身在黑暗之中。

　　世事大多如此。许多身处黑暗的人,虽然磕磕绊绊,历经各种磨难,但最终走向了成功;而另一些人往往被眼前的光明迷失了前进的方向,所以终身与成功无缘。

　　困境能磨炼人的意志,激发人的潜力,让人对成功产生更强烈的愿望,也就更容易取得成功。

第七章　心才是成败的关键——成功的资本

成功是什么

有一个人，他从小到大都是一名失败者，失败永远陪伴在他的身边。他感到上天的不公平，于是，他决定去寻找上帝，询问上帝：成功是什么？

这个人翻山越岭，来到河边，见到一位老翁，就走过去问："老人家，成功是什么？"那位老人就回答他："成功就是能每天都钓到鱼，那就是成功。"

这位年轻人继续他的旅途，他渡过了河，来到了森林中，遇见一个正在赶路的中年男人，就问他："成功是什么？"那个中年男人就回答他："成功就是每天都能捕获野兽，那就是成功。"

他听了，就继续赶路。这个人穿过了森林，也穿过了沙漠，来到沙漠边缘，找到了上帝，问："成功是什么？"上帝很慈祥地回答："成功是生活，成功是经验，成功是汗水。年轻人，不要执着于成功，而应享受成功的过程。"年轻人听了，顿时明白了，就辞别了上帝，回家去了。

到家之后，他将旅途上的所见所闻写了下来，出了一本书，他凭借着这本书，终于获得了成功。

 生命就像一趟旅行,不必在乎目的地,在乎的是沿途的风景和看风景的心情。成功其实也是如此,只要努力付出过的就是有价值的。

 长者的恩赐

从前,有两个饥饿的人得到了一位长者的恩赐:一根鱼竿和一篓鲜活硕大的鱼。其中,一个人要了一篓鱼,另一个要了一根鱼竿,于是,他们分道扬镳了。

得到鱼的人原地就用干柴搭起篝火煮起了鱼,他狼吞虎咽,还没有品出鲜鱼的肉香,转瞬间,连鱼带汤就被他吃了个精光,不久,他便饿死在空空的鱼篓旁。另一个人则提着鱼竿继续忍饥挨饿,一步步艰难地向海边走去,可当他已经看到不远处那蔚蓝色的大海时,他浑身的最后一点力气也使完了,他也只能眼巴巴地带着无尽的遗憾撒手人间。

又有两个饥饿的人,他们同样得到了长者恩赐的一根鱼竿和一篓鱼。只是他们并没有各奔东西,而是商定共同去找寻大海。他俩每次只煮一条鱼,他们经过遥远的跋涉,来到了海边,从此,两人开始了捕鱼为生的日子。几年后,他们盖起了房子,有了各自的家庭、子女,有了自己建造的渔船,过上了幸福安康的生活。

只顾眼前利益，得到的终将是短暂的欢愉；目标定得高远，但也要面对现实的生活。只有把目标和现实有机结合起来，才有可能取得最终的成功。

两块石头的不同遭遇

深山里有两块石头，第一块石头对第二块石头说：

"我们一起去经历一下艰险坎坷和世事的磕磕碰碰吧，如果能够搏一搏，也不枉来此世一遭。"

"不，何苦呢？"第二块石头嗤之以鼻，"安坐高处一览众山小，周围花团锦簇，谁会那么愚蠢地在享乐和磨难之间选择后者，再说那路途的艰险磨难会让我粉身碎骨的！"

于是，第一块石头随山溪翻滚而下，历尽了风雨和大自然的磨砺，它依然义无反顾执着地在旅途中奔波。第二块石头讥讽地笑了，它在高山上享受着安逸和幸福，享受着周围花草簇拥的畅意抒怀，享受着盘古开天辟地时留下的那些美好的景观。

许多年以后，饱经风霜、历尽尘世之艰难险阻的第一块石头已经成了世间的珍品、石艺的奇葩，被千万人赞美称颂，享尽了人间的富贵荣华。第二块石头知道后，有些后悔当初没有和第一块石头一起下山，现在它想投

成长中的智慧与哲理

入到世间风尘的洗礼中，然后得到像第一块石头所拥有的成功和高贵，可是一想到要经历那么多的坎坷和磨难，甚至满目疮痍、伤痕累累，还有粉身碎骨的危险，便又退缩了。

一天，人们为了更好地珍存那石艺的奇葩，准备为它修建一座精美别致、气势雄伟的博物馆，建造材料全部用石头。于是，他们来到高山上，把第二块石头粉了身碎了骨，给第一块石头盖起了房子。

艰难困苦，玉汝于成。一个人如果过于贪图眼前的安逸和富贵而不去奋斗拼搏，便极有可能被时代所淘汰和抛弃。两块石头不同的命运，正是折射出了人生不同的结局和归宿，如果你不想成为一个平庸的人，那么就学第一块石头吧。

新龟兔赛跑

自从在赛跑比赛中输给乌龟后，兔子心里总是不甘心，总想把自己的面子找回来。有一天，兔子终于碰到乌龟，一定要和乌龟再赛一次，乌龟答应了，于是它们找来小猴当裁判，大家准备好，只听一声枪响，兔子嗖地蹿了出去，而乌龟在后面慢慢地爬，兔子边跑边想，上一次是我睡觉，让你捡了便宜，这一次我不睡觉

看你还能不能跑过我。最终这一次乌龟又取得胜利,因为兔子心太急,没有辨清目标就跑,跑得越快反离目标越远。

兔子还是不服气,说这样不公平,要再比赛一次,乌龟没办法只好再来,只听裁判一声枪响,这次兔子比上次跑得还快。在兔子将要跑到终点的时候,它高兴地停下来,转身看乌龟跑到哪里了,心想这次我知道目标又没偷懒,一定是我赢了!当它转过头再看前面时,乌龟已经到达终点了,兔子迷惑不解,跑上前去问乌龟,原来乌龟是咬住了兔子的尾巴,在兔子转身看乌龟时,把乌龟甩到前面去了。乌龟借助兔子的力量又取胜了。

兔子更加不服气,一定要再比赛一次,这一次兔子格外小心,它吸取前几次的教训,小心谨慎地向前跑,还不断地摸自己的尾巴,唯恐又被乌龟借力。当兔子快要跑到终点的时候。远远看到前面好像是乌龟,它跑到终点,果然是乌龟,而且好像等了好久了。这一次兔子彻底认输了,兔子对乌龟说:"乌龟大哥,我认输了,不过你要告诉我,这一次你又是怎么跑到我前面的?"

乌龟笑着对兔子说:"兔子老弟,现在是什么年代了,谁还跑着到终点,我是打车过来的。"

成功的三大要素:有目标,知道自己的方向,要善于借力。传统模式已不适应现在的发展,要想在竞争中获胜,就要不断创新。

 拿破仑的救人方式

有一次,拿破仑骑马穿越一片树林,忽然听到了一阵紧急的呼救声。他扬鞭策马,朝着发出叫喊声的湖边跑去。只见一个不会游泳的士兵落到水里,正往深水当中漂移,距离岸边越来越远。岸上几个士兵慌作一团,无可奈何地呼喊着,他们当中谁也不会游泳。

拿破仑赶来问道："他会水吗？"

一个士兵回答说："他只能划几下，现在不行了，漂到深水里，刚才喊救命哩。"

拿破仑"哦"了一声，随即从侍卫手里取过一支手枪，并大声朝落水的人喊道："你还往当中爬什么，赶快游回来。再往前去，我就开枪毙了你！"

说完，果然朝那人的前方开了两枪。

落水的人，也许是听到了岸上的威胁的话语，也许是听到了前方子弹入水的响声，猛然地回转身来，拼力扑通扑通地划着，居然很快就向岸边靠拢了。

拿破仑的救人方式可谓精彩，正所谓置之死地而后生，只有在快失去生命的时候，人们会懂得生命的可贵，也才会用尽全力来求得生存。同样的道理，一个人如果不是极度渴望成功，那也就无法达到目标。

 蜘蛛结网的启示

几百年前，英格兰和苏格兰两个国家处于敌对状态，两国之间经常发生战争。有一次，苏格兰的布鲁斯国王率军与英格兰军队打仗。结果遭到惨败，被打得落花流水，布鲁斯国王一路逃跑，最终，只得躲在一所不易被发现的古老的茅屋里。

当他正失望与悲哀地躺在柴草床上的时候,他看见一只蜘蛛正在结网,为了取乐,并看蜘蛛如何对付,国王毁坏了它将要完成的网。对此,蜘蛛并不在意,立刻继续工作,打算再结一个新网。苏格兰国王又把它的网破坏了,蜘蛛又开始结另一个网。

国王开始惊奇了。他自语道:"我已被英格兰的军队打败了6次,我是准备放弃战争了。假使我把蜘蛛的网破坏6次,它是否会放弃它的结网工作呢?"

他毁坏了蜘蛛的网共有6次。蜘蛛对这些灾难毫不介意,开始结第7个新网,终于成功了。国王被这个例子鼓起了勇气,他决意再进行一次奋斗,从英格兰人的手里解放他的国家。他召集了一支新的军队,很谨慎而耐心地做着准备,终于打了一次重要的胜仗,把英格兰人赶出了苏格兰国土。

失败和成功一样,都是人生的重要组成部分,谁敢说自己永远不会失败呢?当我们遭遇失败时,不要灰心,不要丧气,更不要放弃,不妨将失败当成暂时的后退,从另一个方面来说,这又何尝不是冲刺成功前的准备呢?

两个渔夫的不同遭遇

一个渔夫去河边钓鱼,他在河边被一群猴子围了起来。

猴子们问:"你用什么钓鱼呀?"

渔夫开玩笑说:"用猴肠。"

猴子们大发脾气,扑上去要打死渔夫。渔夫一看情况不妙,立刻躺在地上装死。猴子们看到渔夫一动也不动,纷纷地喊着:"他死了,我们把他送到公墓里去,是送到金墓去,还是送到银墓或麻风病人的公墓去?"

"把他送到银墓中去。"一只老猴子说。

于是,猴子们把渔夫抬到了银墓中,在他身上扔了些银白色的银块就走了。

过了一会儿,渔夫从银墓中爬出来,在衣袋里装满银子,回到了村里。从那天起,渔夫过起了好日子。一天,渔夫的一位邻居问他:"你是怎么发的财?"渔夫把经过情形告诉了他。这个邻居听后,马上也跑到河边去钓鱼。这时,猴子们又来了。

"你用什么钓鱼呀?"猴子们问。

"用猴肠。"

猴子们又发起火来,提起棍子就狠狠地打了这个人一顿。渔夫的邻居也躺在地上装死。猴子们见他死了,就叫喊着说:"把他抬到哪个公墓去?是金墓?还是银墓或麻风病墓?"

"把他抬到麻风病墓去!"一只老猴子说。

渔夫的邻居一听就急了,他说:"啊,那不行,把我抬到金墓去吧!至少也得把我抬到银墓去!"

猴子们一看死人怎么还说话,觉得奇怪。它们说:"看来,我们还没把他打死。再狠狠地打!"

后来,猴子们真的把渔夫的邻居打死了,它们把这个渔夫埋进了麻风

病墓里。

成功可以学习，但是不能复制。所以，千万不要盲目地完全照搬别人的经历，否则，你就很容易误入歧途。

只要你们想,就一定能飞起来

多年前，一位穷苦的牧羊人领着两个年幼的儿子，以替别人放羊来维持生计。一天，他们赶着羊来到一个山坡。这时，一群大雁鸣叫着从他们头顶飞过，并很快消失在远处。

牧羊人的小儿子问他的父亲："大雁要往哪里飞？"

"它们要去一个温暖的地方，在那里安家，度过寒冷的冬天。"牧羊人说。

他的大儿子眨着眼睛羡慕地说："要是我们也能像大雁一样飞起来就好了，那我就要飞得比大雁还要高，去天堂，看妈妈是不是在那里。"

小儿子也对父亲说："做个会飞的大雁多好啊！那样就不用放羊了，可以飞到自己想去的地方。"

牧羊人沉默了一下，然后对儿子们说："只要你们想，就一定能飞起来。"两个儿子试了试，并没有飞起来。他们用怀疑的眼神瞅着父亲。

牧羊人说，让我飞给你们看。于是他飞了两下，也没飞起来。牧羊人肯定地说，我是因为年纪大了才飞不起来，你们还小，只要不断努力，就一定能飞起来，去想去的地方。

儿子们牢牢记住了父亲的话，并一直不断地努力。等他们长大以后果然飞起来了，他们发明了飞机。他们就是美国的莱特兄弟。

有梦想，并为之付出不断的努力，那么，成功就一定会来到你的身边。

 ## 想要出人头地的小老虎

有一只小老虎时时都想干出一番大事业，以便有资本获得百兽们的尊重和崇拜。但它整天游手好闲，不做任何事，只一门心思地考虑着如何才能出人头地，惹得百兽们背地里都叫它"空想家"。

后来，小老虎闲逛到山脚下的老山羊家，老山羊见它成天不做事，忍不住就教训了它几句。

小老虎说："我不是不想干事，而是想干大事，因为我要出人头地，可一直找不到出人头地的方法。"

老山羊带着小老虎来到院子后的花园里，然后从口袋里拿出一包种子说："这是九月菊的种子，现在你想个办法让它们早点开花，并让它们的花朵鲜艳夺目、出人头地吧。"

"想让它们在花中出人头地，还不简单吗？咱们把它埋进土里，它就会生

根发芽,钻出土壤,在秋天开出美丽的花朵。"说完,小老虎便刨土准备种下种子。

"你这样做是不是埋没了它们?"老山羊笑着问。

"可是,如果不经过埋没阶段,它们怎么可能发芽破土而出呢?"

"孩子,看来你早就知道出人头地的方法呀。"

"您是说……"小老虎有所感悟。

唯有埋头苦干,才能出人头地。为了永久的抬头,有时必须低下自己高贵的头,忍一时之屈,只有这样才能把酒临风,笑对人生。

学会选择和放弃

在英国,有一个小男孩,在他小的时候,父母想把他培养成一个出色的钢琴家,所以请了老师来教他。可是,小男孩十分地贪玩,不认真学习,所以就半途而废了。

男孩长大后通过自己的努力,在商场上做出了惊人的成就,在商界里赫赫有名,而且赚了好多的钱。他在事业上达到了巅峰,工作十分繁忙,但是他很孝顺自己的父母,经常抽出时间陪父母旅游、吃饭。

有一天,他陪同他的父亲到一家高雅的餐厅用餐,现场有一位琴艺不凡的钢琴手正在为大家

成长中的智慧与哲理

演奏。当这位企业家在聆赏之余，想起当年自己也曾学过钢琴，但是由于自己的贪玩，结果没有什么成就。

"想当年你也学过钢琴。"父亲忽然说到。"是啊，如果我从前好好学琴的话，现在也许就会在这儿演奏了，或许我还能成为一个出色的演奏家。"

"是呀，孩子，"他父亲回答，"不过那样的话，你现在就不会在这儿用餐了。"

学会选择，懂得放弃。不要为已经选择放弃的东西而感到惋惜，最重要的是好好珍惜现在所拥有的成功。

一旦自满就不再会前进

在俄罗斯的一个村庄里住着一位做泥娃娃的手艺人。他做的泥人十分漂亮，在市场上很好卖，所以他的日子过得也挺滋润。

艺人的儿子长大了，艺人见儿子心灵手巧，就教他做泥人。后来，父子俩就开始一起做泥人。

儿子的手比父亲的手还巧，加上他年轻力壮，干起活来干脆利落，他做的泥人开始超过父亲的了。起初，他做的泥人和父亲做的卖一样的价钱。但是，当挨了父亲的训斥之后，他做泥人就更加认真了。结果没有多久，他做的泥人的卖价就超过了父亲。父亲做的泥人每个卖两个卢布，他做的卖三个卢布。可是，父亲对儿子的斥责并没有减少。他对儿子做的泥人总是不满意，不是说这里有缺点，就是说那儿有毛病。

儿子做泥人比以前更用心，更刻苦了。

现在，儿子的泥人做得比以前更好了，在市场上出售的价格不断提高。父亲做的泥人还是跟以前一样，每个卖两个卢布，而儿子做的则涨到了四卢布、五卢布、六卢布、八卢布，最后甚至到了十卢布！

可是，父亲仍不满意。他给儿子做的泥人一个一个地挑毛病，这只眼睛比那一只大了，两个肩膀不匀称，这做的是耳朵还是扬谷用的簸箕？指甲太小，看都看不见！

有一天，儿子生气了。他说："爸爸，你为什么老是挑我做的泥人的毛病？你做的泥人，每个我都能挑出二十个毛病！你也不看看，你做的泥人至今仍卖两卢布一个，而我做的呢，卖十卢布人们还都争着买。我觉得我做的泥人什么毛病也没有，根本不必再加工！"

父亲很失望，伤心地说："孩子，你说的我都明白。不过这些话从你嘴里说出来，我很难过。我知道，今后你做的泥人的价钱永远也不会超出十个卢布了。"

"为什么？"儿子惊奇地问。

父亲看了看儿子，说："做一个手艺人，如果认为自己的手艺到了家，没有改进的余地了，那么就意味着他的长进就此停止。艺人什么时候自满，他的手艺就再也不会提高。从前有一天，我也对自己的手艺自满起来，结果从那天开始一直到现在，我做的泥人只能卖两卢布一个，从来没有超过这个价钱。"

骄傲使人落后。做事情切忌自满，无论在什么时候，永远不要以为自己已经知道了一切。否则，你就会停滞不前，永远无法达到应该达到的高度。

一所失败的动物学校

在很久很久以前，动物们决定创办一所学校以应付日益变化的世界的需要。在这所学校里，教授由跑、跳、爬、游泳、飞行等科目组成的活动课程。为了便于管理，所有的动物学习所有的科目。

第一批学员有鸭子、兔子、松鼠、鹰以及泥鳅。

鸭子在游泳这门课上表现相当突出，甚至比他的老师还要好，可飞行课只能勉强及格，而对于跑则感到非常吃力。由于跑得慢，他不得不每天放学后仍留在学校里,放弃心爱的游泳以腾出时间练习跑步。他不停地练呀练呀,脚掌都磨破了,终于获得了勉强及格的成绩。而他的游泳科目,由于长期得不到练习,期末时只获得了中等成绩。学校对中等成绩是能够接受的,所以除了鸭子本人以外没有人在乎这一点。

兔子在刚一开学时是班里跑得最快的,由于在游泳科目中有太多的作业要做,结果精神都快崩溃了。

松鼠的成绩一向是班里最出色的,但他对飞行感到非常沮丧,因为他的老师只许他从地面上起飞,而不允许从树顶上起飞。由于他非常喜欢跳跃,并花了很多时间致力于发明一种跳跃的游戏,结果期末时爬行只得了一个 C,跑只得了一个 D。

鹰由于活泼爱动受到老师们严格管制,在爬行课上的一次测验中,他战胜了所有的同学。第一个到达了树的顶端,但他用的是自己的方式而不是老师所教的那种方式,因此他并没有得到老师的表扬。

学期结束公布成绩,普普通通的泥鳅同学,由于游泳还马马虎虎,跑、跳、爬成绩一般,也能飞一点,因此他的成绩是班里最高的。毕业典礼那天,他作为全体学员的唯一代表在大会上发了言。

智慧箴言

究竟是谁扼杀了鸭子的游泳天赋?为什么兔子的精神会崩溃?松鼠为什么……在我们的学校里有没有"鸭子、兔子、松鼠、鹰与泥鳅"呢?你是不是其中的一种呢?

第八章

学习是一种能力

与众不同的爱因斯坦

爱因斯坦从小爱动脑筋,他常常想人之不敢想,为人之不敢为。

有一天,爱因斯坦正在津津有味地阅读一本书。而他爸爸要他把一张刚买来的油画挂到墙上去。他心不在焉地将梯子靠在墙上,将油画拎着,自己爬上梯子,由于他的心思还在书本上,不小心从梯子上摔了下来,屁股跌得生痛。忽然他眼前一亮:人为什么从高处垂直掉下来而不是斜着下落呀?他缠住爸爸妈妈一个劲地追问,爸爸妈妈答不出来,这个问题便在他脑子里转,促使他不断地观察、实验、思索。长大后,他得出了一个物理学界划时代的定理:"物体总是沿着阻力最小的路程运动的。"

爱因斯坦上小学不久,老师在教室里教加法。他拿出一个苹果,又拿出一个苹果,然后问学生:"一个苹果加一个苹果是几个苹果?"

"两个。"学生们毫不犹豫地回答。

老师便在黑板上写上 1+1=2。

爱因斯坦举手站起来说:"老师,1 加 1 也等于 1。"同学们哄堂大笑。爱

因斯坦不慌不忙,从袋里掏出两块小软糖,把它们用力捏在一起,说:"你们看,1加1不是还是等于1吗?"同学们先是一愣,后来都开心地笑了。

老师和气地说:"两块糖粘在一起,是一块,可那是一大块。"

爱因斯坦说:"一大块也是一块啊。"

教师被问住了,摊开手,耸耸肩,只是轻轻嘟哝:"对,一大块也是一块……"

有一次上手工劳作课,同学们各自使出浑身解数,将自己的聪明才智表现在自制的物品上,快要下课了,有的交出用黏土捏成的鸭子,有的交出用碎布做的洋娃娃,还有的交出用色蜡捏成的水果,唯独爱因斯坦什么也没交。

第二天,在老师的追问下,爱因斯坦才交出一个简单粗陋的小凳子。老师看了很不高兴,摇着头说:"世界上没有比这更丑陋的凳子了。"同学们也向爱因斯坦投去嘲笑的目光。

爱因斯坦站起来坚定地回答:"有,有比这更坏的!"说着,他从桌子下面拿出两个很不像样的小板凳,解释道:"这两个凳子是我第一次和第二次制作的。交出的这只,是我第三次制作的,虽然它还不能让人满意,可总比前两只要好些。"

老师拿起这3只小板凳看了一会儿,他暗自想:这孩子不简单,他具有常人所不具备的一种可贵的素质。

第八章

学习是一种能力

人的一生,一刻也不能停止思索。高尔基说,懒于思索,不愿意钻研和深入理解,自满或满足于微不足道的知识,都是智力贫乏的原因。

如此美妙的演奏

一位音乐系的学生走进练习室。在钢琴上，摆着一份全新的乐谱。"超高难度……"他翻着乐谱，喃喃自语，感觉自己对弹奏钢琴的信心似乎跌到谷底，消磨殆尽了。已经三个月了！自从跟了这位新的指导教授之后，不知道为什么教授要以这种方式整人。他勉强打起精神，开始用自己的十指奋战、奋战、奋战……

琴音盖住了教室外面教授走来的脚步声。

指导教授是个极其有名的音乐大师。授课的第一天，他给自己的新学生一份乐谱。"试试看吧！"他说。乐谱的难度颇高，学生弹得生涩僵滞、错误百出。"还不成熟，回去好好练习！"教授在下课时，如此叮嘱学生。

学生练习了一个星期，第二周上课时正准备让教授验收，没想到教授又给他一份难度更高的乐谱，"试试看吧！"上星期的课教授也没提。学生再次挣扎于更高难度的技巧挑战。第三周，更难的乐谱又出现了。

这样的情形持续着，学生每次在课堂上都被一份新的乐谱所困扰，然后把它带回去练习，接着再回到课堂上，重新面临两倍难度的乐谱，却怎么都追不上进度，一点也没有因为上周的练习而有驾轻就熟的感觉。学生感到越来越不安、沮丧和气馁。

教授走进练习室。学生再也忍不住了，他必须向钢琴大师提出这三个月来何以不断折磨自己的质疑。教授没有开口，他抽出最早的那份乐谱，交给学生。"弹奏吧！"他以坚定的目光望着学生。不可思议的事情发生了，连学生自己都惊讶万分，居然可以将这首曲子弹奏得如此美妙、如此精湛！教授又让学生试了第二堂课的乐谱，学生依然呈现出超高水准的表现……演奏结束后，学生怔怔地望着老师，说不出话来。

"如果，我任由你表现最擅长的部分，可能你还在练习最早的那份乐谱，就不会有现在这样的程度了……"钢琴大师缓缓地说。

在人的一生中，无论何种情形下，你都要不惜一切代价，走入一种可能激发你的潜能的氛围中，一种可能激发你走上自我发展之路的环境里。

 坦率的请假条

教我们英语泛读的是一位认真的老太太，教学很有特色。可惜我除了表面上对她表示尊敬外，并不欣赏她的慢条斯理，上课我常常缩在最后一排，看自己的书，干自己的活。我不是一名好学生，幸好她也没有这么认为，否则准提问你没完。虽然我不爱上她的课，甚至有些害怕上她的课，但还没有逃过课。有一天，我实在不愿待在教室，就写了一张请假条托同伴交给老太太。

尊敬的老师：

很遗憾，我没去上您的课。也许有人会告诉您我去了医院看病——事实上，人总有各种各样的病。但是，坦率地承认，我真的没有做好上课的准备，因为我不得不花许多精力去干某些更重要的事。……您说我逃课也好，病假也好，反正事情发生了。

您的学生

上课铃响过，我在远处望着自己的教室，想象着老太太收到这张假条的神情：发怒？置之不理？觉得非常有趣？

课后，有同伴捎话，老太太让我去她办公室。这时，我才感到自己有点过分了。当我敲她办公室的门时，简直有些害怕，尤其想到她那严厉的目光透过老式眼镜之令人不安。

我走进了办公室，老太太不在。同室的先生见我找她，便指了指她办公桌上留下的纸条。我看着纸条，不觉有些脸红。

亲爱的学生：

很遗憾，我没能等你到来。也许有人会告诉你我去了医院看病——事实上，人总有各种各样的病。但是，坦率地承认，我真的没有做好和你交谈的准备，因为我不得不花许多精力去干某些更重要的事……反正事情发生了，谁也不欠谁的。可有一点你必须明白，你现在所学的是基础，建造任何大厦的地基。

您的老师"

有一点你必须明白,你现在所学的是基础,建造任何大厦的地基。为了以后的茁壮成长,年轻的学生一定要重视学习,打好基础。

 你今天学到些什么

费利斯的父亲出身贫苦农家,只读到五年级,家里就要他退学到工厂做工去了。

从此,世界便成了他的学校。他对什么都有兴趣,他阅读一切能够得到的书籍、杂志和报纸。他爱听镇上乡亲们的谈话,以了解人们世世代代居住的这个偏僻小村以外的世界。他对外面世界的好奇心,不但随同他远渡重洋来到美国,还决心要让他的每一个孩子都受到良好教育。

费利斯的父亲认为,最不可宽恕的是我们晚上上床时还像早上醒来时一样无知。他常说:"该学的东西太多了,虽然我们出世时愚昧无知,但只有蠢人才永远如此。"

为了防止孩子们堕入自满的陷阱,父亲要孩子们每天必须学一样新的东西,而晚餐时间似乎是他们交换新知识的最佳场合。

他们每人有一项"新知"之后,便可以去吃饭了。

这时,父亲的目光会停在他们当中一人身上:"费利斯,告诉我你今天学到些什么。"

"我今天学到的是尼泊尔的人口……"

餐桌上顿时鸦雀无声。

费利斯一向都觉得奇怪,不论他所说的是什么东西,父亲都不会认为琐碎。

"尼泊尔的人口。嗯。好。"

接着,他父亲看看坐在桌子另一端的母亲。

"孩子他妈,这个答案你知道吗?"

母亲的回答总是会使严肃的气氛变得轻松起来。"尼泊尔?"她说,"我非但不知道尼泊尔的人口有多少,我连它在世界上什么地方也不知道呢!"

当然,这种回答正中父亲下怀。

"费利斯,"父亲又说,"把地图拿来,我们来告诉你妈妈尼泊尔在哪里。"于是,全家人开始在地图上找尼泊尔。

费利斯当时只是孩子,一点儿也觉察不出这种教育的妙处。他只是迫不及待地想走出屋外,去跟小朋友一起玩游戏。

如今回想起来,他才明白父亲给他的是一种多么生动有趣的教育。在不知不觉之中,他们全家人共同学习一同长进。

费利斯进大学后不久,便决定以教学为终身事业。在求学时期,他曾追随几位全国著名的教育家学习。最后,他完成大学教育,具备了丰富的理论与技能,但令他感到非常有趣的,是发现那些教授教导他的,正是父亲早就知道的东西——不断学习的价值。

世上最奇妙的东西是人的学习能力，极小的知识点滴积累起来也可能对我们有益。生命有限，而学海无涯。我们成为怎样的人，决定于我们所学到的东西。

每天都努力学点儿新的东西，这一天才称得上是没有白费。

我们成为怎样的人，取决于我们所学到的东西。每天都努力学点儿新的东西，每天进步一点点，总有一天会取得成功。

尽力就是最好

我曾经是个争强好胜的人，尤其是上初中的时候，各科成绩都想拿第一，结果却往往不能如愿。一次，面对我沮丧的神情，妈妈温和地安慰道："其实，你已经不错了。不见得干什么都要争第一，只要尽力就行了。"

"我觉得我一定可以全拿第一。"我很倔强。"你错了。"妈妈严肃地说，"拿第一，不是你一个人的事情，那是需要跟别人比的。我们只能控制自己，对别人却根本没有办法也没有权利去掌握，我觉得你现在要解决的不是去拿第一的问题，而是要弄明白拿那么多的第一干什么？"妈妈深情地望着我，"其实，第一并不

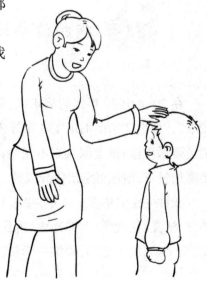

重要,尽力就是最好。"那天晚上,我辗转难眠,沉思良久。是的,如果我的生命只为了拿第一而存在,那又有什么意义呢?如果为了这些永无止境的第一而失去许多欢乐和幸福,那不是有些不值得吗?

后来,我在学业上依旧勤奋,只是不再关注什么第一了。有趣的是,也许是因为心态比较平和明朗的缘故,我的成绩反而比以前又有了进步,居然拿了不少第一。

尽力就是最好。无论将来是怎样现实的结果,只要我们让自己的光彩尽最大可能地爆发过,我们就无愧人生。

尽力就是最好。名次上的第一只不过是世俗的指标和短暂的衡量,而我们心灵花朵持久而安恬的绽放却是一幅永不褪色的画卷,可以在历史上洒下永恒的芬芳。

什么事情都要尽力做到最好。无论未来是怎样的结果,我们只有让自己的光彩尽最大可能地爆发过,才能无愧人生。

 横扫清华图书的钱钟书

在 20 世纪 30 年代的清华园,学生时代的钱钟书就立志要"横扫清华图书",即把清华图书馆 130 多万册藏书从 A 字第一号开始通览一遍,有的还要做批注;他上课从来不做笔记,还浏览其他书刊,可是一到考试,只要略加复习,他便可考出优异成绩。

钱钟书在清华读书 4 年,共修了 33 门课程,29 门必修,4 门选修,包括英文、法文、伦理学、西洋通史、古代文学、戏剧、文学批评、莎士比亚、拉丁文、文字学、美术史等,除第一学年体育和军训术科(第二学年以后这两门课获准免修)吃了"当头棒"外,其余绝大都分都是优秀。

钱钟书的成绩,当时在文学院和全校都是罕有其匹的。

直到钱钟书先生去世前,他一直在孜孜读书,乐此不疲。

虽然钱钟书先生一生孜孜读书,但他不主张做"书呆子",而是强调追求真正的学问。他说:学问不等于书本上的知识。一个人的能力、成就和他的文化程度没有直接的关系。

可以说,钱钟书先生毕生都在追求真正的学问。他的《管锥编》一书,囊括了古今中外近4000位著名作家的上万种著作中的数万条资料,内容几乎涉及全部的社会、人文科学。对众多学科的知识进行比较、评说,再做出结论。这是一部充满人生感悟和洞察的书。它谈愚民、谈酷吏、谈冤狱、谈艺文、谈方正圆滑、谈世道人心,是一本纵横捭阖、浩浩荡荡,如大江一样奔腾的皇皇巨著。

钱先生的真知卓识源于他综合思考的治学方法。在许多时候,只有广泛阅读,不断开阔眼界,才能从不同的角度思考问题,并发掘新意,触类旁通,达到"通识"。

 不要做"书呆子"

马克在乔治敦开了一家服装店,他雇学心理学专业的南茜小姐为他工

第八章 学习是一种能力

作。南茜小姐在她开始工作的第一天,看见有位女士走进店来,就迎上去问她想买什么。

那位女士说:"我想买套秋装。"

"您想买多少钱的呢?"南茜小姐问道。

"我不在乎价钱的多少。"那位女士说。

"噢?那我倒想向您提一个问题:您买这套衣服仅仅是因为需要呢?还是因为您刚刚和丈夫吵了一架,想花一大笔钱气气他呢?"

"你说什么?"那位女士没听懂。

"也许您怀疑他对您不忠实,您觉得这就是报复他的唯一办法了。"

"我根本不明白你在胡说些什么。"顾客回答说。

"在气头上去花钱,这可是非常昂贵的报复形式。我劝您

招工-心理学专业的毕业生一概谢绝

这几天还是好好想想,想办法去弥补裂痕,光买一套新衣服是不能调和夫妻感情的。"

"那我倒是谢谢你啦。"这位顾客悻悻地离开了商店。

"她现在生我气了。"南茜小姐对店主说,"不过不出一星期,她就会感谢我帮助她打消了那个蠢念头。"

马克想,这种不愉快的事情过去就算了。没想到,下午又出事了:

一位顾客走进店来,南茜小姐上前问她想买点什么。

那位女士说:"我想买件最有刺激性的衣服,我要去肯尼迪中心,要让每个见了我的人连眼珠子都掉出来。"

南茜小姐说:"我们这儿有非常漂亮的晚礼服,很适合那些缺乏自信心的人。"

"缺乏自信心的人?"

"是啊,难道您不知道女人常用这个办法——穿些惊人的衣服来掩盖她们的缺乏自信心吗?"

那位女士生气了:"我可不是缺乏自信心的人!"

"那您为什么要使肯尼迪中心的每个人都羡慕得连眼珠子都要掉出来呢?难道您能不靠衣服而靠自身的美去吸引人吗?您长得很有风度,很有内在美,可您却要遮盖起来。我当然能卖给您一件最时髦的衣服,使您出出风头。可是您就决不会明白人们停住脚步是为了您,还是为了注视衣服。"

这时,店主决定插一句话:"南茜小姐,要是这位太太想买一件晚礼服,那就请她看看货好了。"

"不必了,"那位顾客说,"您的这位小姐说得对,我干吗要花500块钱去买人家的几句恭维话呢!其实那些人又根本不在乎我穿什么,谢谢您的帮助了,小姐。真的,这些年我一直是缺乏自信心的,可我竟然还没有意识到这一点。"

顾客两手空空地走出了店门。

马克感到最不能容忍的事发生在一个钟头以后,一位在男女同校的大学念书的女学生走进店来,她想买一条超短裤,南茜小姐向她宣讲了半个小时的妇女解放问题,然后说:"您买超短裤,我看您不过是想把自己变成一个性感的目标罢了。"

这天晚上,马克在橱窗上贴了一个启事:

招工——心理学专业的毕业生一概谢绝。

读死书,死读书,都不是好习惯。只有学以致用,把所学的知识灵活地运用到生活中,知识才能体现其价值。

我不想干学习这苦差事

约翰·亚当斯是美国第二任总统。

亚当斯小时候，必须学拉丁语法，但是，他觉得那是一件相当枯燥的事。于是他就告诉他的父亲说："我不喜欢拉丁文，能不能让我干点别的？也许我更适合干其他工作呢。"

"好吧，亲爱的约翰，"父亲说，"你可以试试挖条沟。我的前面的牧场需要挖一条沟，既然你希望找点儿别的什么干，那么不妨试试看。"

亚当斯兴奋地跑到牧场干了起来，不久，他就觉得挖沟是一件苦差事，没有坐在桌子边学拉丁文舒服，于是准备恢复学习。但又不在表面上流露出来，因为他很清高，自尊心驱使他又干了一天，然而劳累终于战胜了自尊心，他又跑回去学那"枯燥"的拉丁文去了。

直到晚年，约翰·亚当斯也还一直认为这件事为塑造他的性格起了重要的作用。

亚当斯在童年时对读书毫无兴趣，以致其父对他施行的种种诱导均告失败。老亚当斯十分愤怒，便直截了当地问他 10 岁的儿子："你想干什么，孩子？"

"当农民。"小亚当斯毫不迟疑地回答。

"那么好吧,我要教给你怎样当农民。"老亚当斯更加气愤了,"明天早上你同我去彭尼渡口,帮助我收茅草。"

第二天一早,父子俩一起出发,沿着小河干了一整天活,弄得满身是泥。

小亚当斯回到家中累极了,对当农民的热情也锐减了。老亚当斯问儿子"你对当农民满意吗?"他认为他对孩子的教育已经收效了。

孩子的回答让他非常吃惊:"我非常喜欢,先生。"

亚当斯倔强的性格维护着他那高贵的自尊心,但是,从此他真正开始认真读书了。

与其他事情想比,学习并不是件苦差事。在学习中,在遇到痛苦和困难的时候坚持下来的人,才能品尝到人生中最甘甜的美酒。

海水为什么是蓝色的

1921年,印度科学家拉曼从英国伦敦取道地中海乘船回国。在甲板上散步的人群中,一对印度母子的话引起了拉曼的注意。

"妈妈,大海为什么是蓝色的?"

年轻的母亲一时语塞,求助的目光正好遇上了在一旁饶有兴趣倾听他们谈话的拉曼。拉曼告诉这个小男孩:"海水之所以呈蓝色,是因为它反射了天空的颜色。"

在当时,几乎所有的人都认同这一解释。但不知为什么,在告别了那对母子之后,拉曼开始对这个说法心存疑惑。那个充满好奇心的稚童,那双求知的眼睛,使拉曼深感愧疚。作为一名训练有素的科学家,他发现自己在不知不觉中丧失了男孩那种到所有的"已知"中去追寻"未知"的好奇心，不禁为之一震！

拉曼回到加尔各答后，立即着手研究"海水为什么是蓝的"这一课题。他从光线散射与水分子相互作用入手，运用爱因斯坦等人的涨落理论，证明出水分子对光线的散射使海水呈蓝色的机理，与大气分子散射太阳光而使天空呈现为蓝色的机理完全相同。进而，他又在固体、液体和气体中，分别发现了一种普遍存在的光散射效应，这就是著名的"拉曼效应"，它为科学界最终接受光的粒子性学说提供了有力证据。

1930年，地中海轮船上那个男孩的问号，把拉曼带到了诺贝尔物理学奖的领奖台，他成为了印度也是亚洲历史上第一个获得此项殊荣的科学家。

善于发现问题，才能得知获取知识的密道；坚持不懈解决问题，才能取得令人瞩目的成就。

 不要以为箭偏离了靶心

有一个大学生，一直热爱画画。大学毕业后，他出国留学继续深造。可是，在国外的生活太拮据了，读书之余，他还要靠打工赚取生活费。

后来,有人介绍了一份工作给他,就是帮宾馆修剪草坪。这个工作和画画可是大相径庭,不仅需要一把好体力,而且剪草坪的剪子还会把手磨得粗糙不堪。

起初他很不情愿,因为他的梦想是当一名油画家而不是草坪工人。但现实是不能由自己的意愿决定的,他只好一次次地去到宾馆外面,对着草坪和灌木,不断地重复单调的工作。

在国外的 3 年时间里,他就这样一直靠帮各个宾馆修剪草坪谋生。渐渐地发现,修剪草坪也并非总是那么枯燥。比如说,有一天,他不小心铲坏了一块草皮,想了想,他就把这块草坪修成了一幅画的样子,竟得到了人们的全力赞赏,他的薪酬也因此增加了一倍。

慢慢地他开始喜欢修草坪这个工作了。后来,因为请他修剪草坪的宾馆太多,他不得不雇用了另外一些人,再后来,他有了自己的小店。3 年以后,他成立了自己的公司,这是一家专门帮人设计修剪草坪画的公司。

如果当年他一味地热爱美术,专心油画,而不去做其他工作,也许过不了多久就会坐吃山空,所学的功课也会半途而废。可是,成功之箭偏了那么一点点,它没有射中美术这个靶心,却射中了草坪公司的靶心。

其实,很多时候,成功之箭射中的都是另外的靶心。

其实很多时候,人不要在乎发出的箭没有射中原来的目标,因为它可能已经射中了另外的靶心。

第九章

拥有一颗感恩的心

感恩是一种生活态度

那是在洛杉矶的一家旅馆。早晨,我在大堂的餐厅里就餐时,发现自己的右前方有3个黑人孩子,在餐桌上埋头写着什么。在就餐的时间、就餐的地方,这3个孩子却没做与吃饭有关的事。我难以按捺心中的好奇,试探着走了过去。在这些孩子的应允下,我坐在了他们旁边。看到我这样一个肤色不同的外国人到来,他们没有一丝扭捏,而是落落大方地和我谈了起来。这3个孩子中,一个约莫十二三岁戴眼镜的男孩是老大,女孩八九岁是老二,另外一个小男孩五六岁是老三。从谈话中我了解到他们和母亲是暂时住在这家酒店里的,因为他们正在搬家,新房还未安顿好。

当问他们在做什么时,老大回答说正在写感谢信。他一副理所当然的神情让我满脸疑惑。这3个小孩一大早起来写感谢信?我愣了一阵后追问道:"写给谁的?""给妈妈。"我心中的疑团一个未解一个又生。"为什么?"我又问道。"我们每天都写,这是我们每日必做的功课。"孩子回答道。哪有每天都写感谢信的?真是不可思议!我凑过去看了一眼他们每人手下

成长中的智慧与哲理

的那沓纸。老大在纸上写了八九行字，妹妹写了五六行，小弟弟只写了两三行。再细看其中的内容，却是诸如"路边的野花开得真漂亮""昨天吃的比萨饼很香""昨天妈妈给我讲了一个很有意思的故事"之类的简单语句。我心头一震，原来他们写给妈妈的感谢信不是专门感谢妈妈给他们帮了多大的忙，而是记录下他们幼小心灵中感觉很幸福的一点一滴。他们还不知道什么叫大恩大德，只知道对于每一件美好的事物都应心存感激。他们感谢母亲辛勤的工作，感谢同伴热心的帮助，感谢兄弟姐妹之间的相互理解……他们对许多我们认为是理所当然的事都怀有一颗"感恩的心"。

其实，"感恩"不一定要感谢大恩大德，"感恩"可以是一种生活态度，一种善于发现美并欣赏美的道德情操。人生在世，不如意事十有八九。如果我们囿于这种"不如意"之中，终日惴惴不安，那生活就会索然无趣。相反，如果我们像这些孩子一样，拥有一颗"感恩"的心，善于发现事物的美好，感受平凡中的美丽，那我们就会以坦荡的心境、开阔的胸怀来应对生活中的酸甜苦辣，让原本平淡的生活焕发出迷人的光彩！

"感恩"，并不是单纯狭隘的"滴水之恩涌泉相报"，而是一种生活态度，一种善于发现美并欣赏美的道德情操。

第九章

拥有一颗感恩的心

 ### 面包里的银币

在一个闹饥荒的城市，一个家庭殷实而且心地善良的面包师把城里最穷的几十个孩子聚集到一块，然后拿出一个盛有面包的篮子，对他们说："这个篮子里的面包你们一人一个。在上帝带来好光景以前，你们每天都可以来拿一个面包。"

瞬间，这些饥饿的孩子仿佛一窝蜂一样拥了上来，他们围着篮子推来挤去大声叫嚷着,谁都想拿到最大的面包。当他们每人都拿到了面包后,竟然没有一个人向这位好心的面包师说声谢谢,就走了。

但是有一个叫依娃的小女孩却例外,她既没有同大家一起吵闹,也没有与其他人争抢。她只是谦让地站在一步以外,等别的孩子都拿到以后,才把剩在篮子里最小的一个面包拿起来。她并没有急于离去,她向面包师表示了感谢,并亲吻了面包师的手之后才向家走去。

第二天,面包师又把盛面包的篮子放到了孩子们的面前,其他孩子依旧如昨日一样疯抢着,羞怯、可怜的依娃只得到一个比头一天还小一半的面包。当她回家以后,妈妈切开面包,许多崭新、发亮的银币掉了出来。

妈妈惊奇地叫道:"立即把钱送回去,一定是揉面的时候不小心揉进去的。赶快去,依娃,赶快去!"当依娃把妈妈的话告诉面包师的时候,面包师面露慈爱地说:"不,我的孩子,这没有错。是我把银币放进小面包里的,我要奖励你。愿你永远保持现在这样一颗平安、感恩的心。回家去吧,告诉你妈妈这些钱是你的了。"她激动地跑回了家,告诉了妈妈这个令人兴奋的消息,这是她的感恩之心得到的回报。

懂得感恩的人,是快乐的。愿每个人永远保持一颗平安、感恩的心。

 ## 你父亲是个伟大的人

在乔治的记忆中,父亲一直就是瘸着一条腿走路的,他的一切都平淡无奇。所以,他总是想,母亲怎么会和这样的一个人结婚呢?

一次,市里举行中学生篮球赛,他是队里的主力。他找到母亲,说出了他的心愿,他希望母亲能陪他同往。母亲笑了,说:"那当然,你就是不说,我和你父亲也会去的。"他听罢摇了摇头,说:"我不是说父亲,我只希望你去。"母亲很是惊奇,问:"这是为什么?"他勉强地笑了笑,说:"我总认为,一个残疾人站在场边,会使得整个气氛变味儿。"母亲叹了一口气,说:"你是嫌弃你的父亲了?"父亲这时正好走过来,说:"这些天我得出差,有什么事,你们商量着去做就行了。"

比赛很快就结束了,乔治所在的队得了冠军。在回家的路上,母亲很高兴,说:"要是你父亲知道了这个消息,他一定会放声高歌的。"乔治沉下了脸,说:"妈妈,我们现在不提他好不好?"母亲接受不了他的语气,大声说:"你必须要告诉我这是为什么?"乔治满不在乎地笑了笑,说:"不为什么,就是不想在这时提到他。"母亲的脸色凝重起来,说:"孩子,这话我本来不想说,可是,我再隐瞒下去,很可能就会伤害到你的父亲。你知道你父亲的腿是怎么瘸的吗?"乔治摇了摇头,说:"我不知道。"母亲说:"那一年你才两岁,父亲带你去花园里玩,在回家的路上,你左奔右跑。忽然,一辆汽车急驰而来,你父亲为了救你,左腿被碾在了车轮下。"乔治顿时呆住了,说:"这怎么可能呢?"母亲说:"这怎么不可能?不过这些年你父亲不让我告诉你罢了。"

二人慢慢地走着,母亲说:"有件事可能你还不知道,你父亲就是布莱特,你最喜欢的作家。"乔治惊讶地蹦了起来,说:"你说什么?我不信!"母亲说:"你父亲也不让我告诉你。你不信可以去问你的老师。"乔治急急地向学校跑去。老师面对他的疑问,笑了笑,说:"这都是真的。你父亲不让我们透露这些,是怕影响你的成长。但现在你既然知道了,那我就不妨告诉你,你父亲是一个伟大的人。"

两天以后,父亲回来,乔治问父亲:"你就是大名鼎鼎的布莱特吗?"父亲愣了一下,然后就笑了,说:"我就是写小说的布莱特。"乔治拿出一本书来,说:"那你先给我签个名吧!"父亲看了他片刻,然后拿起笔来,在扉页上写道:赠乔治,选择其实比什么都重要。布莱特。

多年以后,乔治成了一名出色的记者。这时,有人让他介绍自己的成功之路,他就会重复父亲的那句话:选择其实比什么都重要。

每个爱孩子的父亲都是伟大的,对成长中的孩子来说,他们的导向作用是其他任何人都无法替代的。

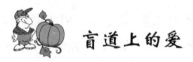

盲道上的爱

上班的时候,看见同事夏老师正搬走学校门口一辆辆停放在人行道上的自行车。我走过去,和她一道搬。

我说:"车子放得这么乱,的确有碍观瞻。"

她冲我笑了笑,说:"那是次要的,主要是侵占了盲道。"

我不好意思地红了脸,说:"您瞧我,多无知。"

夏老师说:"其实,我也是从无知过来的。两年前,我女儿视力急剧下降,到医院一检查,医生说视网膜出了问题,告诉我说要有充足的心理准备。我没听懂,问有啥充足的心理准备。医生说,'当然是失明了。'我听了差点死过去。我央求医生说,'我女儿才20多岁呀,没了眼睛怎么行,医生啊,求求你,把我的眼睛给我女儿吧!'那一段时间,我真的是做好了把双眼捐给女儿的充足心理准备。为了让自己适应失明以后的生活,我开始闭着眼睛拖地抹桌、洗衣做饭。每当辅导完了晚自习,我就闭上眼睛沿着盲道往家走。那盲道,也就两砖宽,砖上有八道杠。一开始,我走得磕磕绊绊的,脚说什么也踩不准那两块砖。在回家的路上,石头绊倒过我,车子碰破过我,我多想睁开眼睛瞅瞅呀,可一想到有一天我将生活在彻底的黑暗里,我就硬是不叫自己睁眼。到后来,我在盲道上走熟了,脚竟认得了那八道杠!我真高兴,自己终于可以做个百分之百的盲人了!也就在这个时候,我女儿的眼病居然奇迹般地好了!有天晚上,我们一家人在街上散步,我让女儿解下她的围巾蒙住我的眼睛,我要给她和她爸表演一回走盲道。结果,我一直顺利地走到了家门前。解开围巾,看见走在后面的女儿和她爸都哭成了泪人儿……你说,在这一条条盲道上,该发生过多少叫人流泪动心的故事啊。要是这条人间最苦的道连起码的畅通都不能保证,那不是咱明眼人的耻辱吗?"

带着夏老师讲述的故事,我开始深情地关注那条"人间最苦的道"。

我向每一条畅通的盲道问好,我弯腰捡起盲道上碍脚的石子。有时候,我一个人走路,我就跟自己说:"喂,闭上眼睛,你也试着走一回盲道吧。"尽管我的脚不认得那八道杠,但是,那硌脚的感觉那样真切地瞬间从足底传到了心间。我明白,那是一种伟大的情感。

> 母爱,也许是世界上最伟大的爱了。我们永远都要铭记于心,不辜负这份情感。

女儿她很可能忘了

有一次,桑托顺便到邮政总局给朋友拍电报。在他身边坐着一位老太太,她把头低低地俯在电报纸上。她在上面写了些字,随后把电报纸拿到眼前,眯缝着眼睛看。看过之后,把纸揉成了一团,又拿了一张新的,重新填写,写完了又揉成一团,然后又伏在桌子上,想要再填写一张。

桑托要帮助这位老太太填写,可是她怎么也不肯。她自己又拿了一张电文纸,打算再重新填写。后来她叹了口气说:

"我就住在这儿附近,可是,往五层楼上爬很吃力,不戴眼镜又写不了……您若是不急着走的话,请替我写一下。"

桑托拿过来电报纸,老太太一字一句地说出列宁格勒的地址。沉默片刻,叹息地说:

"亲爱的妈妈,祝贺您的生日。到我们这儿来吧。吻您。薇拉·娜嘉·谢尔盖。"

桑托看了看老大娘,问她:

"您的妈妈还健在？"

老大娘很不愉快地冷笑一下说：

"妈妈——就是我。"

"啊？"

"明天是我的生日，女儿她很可能忘了给我拍贺电，因此，我就决定……免得邻居们责怪她。她是我的好女儿，大家都很尊重她，她在摩尔曼斯克当主任工程师。"

桑托想象得出来，她的女儿一定是整天很疲劳，很操心的人。在班上和在家里都有好多事情要做。可能，女儿过去有时候忘记了给妈妈拍贺电，老年人就会抱怨："你看，孩子们不需要我们了，把我们忘记了……"

"女儿不会忘记向您祝贺的。不过偶然情况总是免不了……"

老太太抬起一双忧伤的眼睛望着桑托，低声说：

"她已经忘记 12 年了。"

桑托对老人家还能说什么呢？用什么语言来安慰她？是不是要责怪她的女儿呢！虽说这是有理由的。可是，老大娘已经平静下来，她对他说：

"对不起，请您帮买一张带玫瑰花的贺电专用电报纸，我的女儿干什么都喜欢漂亮的……"

父母为儿女考虑得是那么周到，那么无微不至，为什么做儿女的却常常漠视这些呢？

love 的真正含义

爱情使者丘比特问爱神阿佛洛狄："LOVE 的意义是什么？"

阿佛洛狄说：

"L"代表 Listen（倾听），爱就是要无条件无偏见地倾听对方的要求，并且予以协助；

"O"代表 Obligate（感恩），爱需要不断的感恩，付出更多的爱，灌溉爱的禾苗；

"V"代表 Valued（尊重），爱就是展现你的尊重，表达体贴，真诚的鼓励，发自内心的赞美；

"E"代表 Excuse（宽恕），爱就是仁慈地对待、宽恕对方的缺点和错误，接受对方的全部。

爱神对于爱的意义的诠释如此深沉厚重，我们只有用心聆听对方的心声，才能感受对方的心跳，也才能彼此进驻对方的心里；怀着一颗感恩的心面对对方，面对生活，你就会享受到爱的快乐，爱的幸福；尊重对方也就是尊重自己，你人生的境界才会旷达，致远；宽恕对方，包容对方的一切，你的爱才会深远。

成长中的智慧与哲理

感恩之心

　　我们感恩日的光明，月的温柔；我们感恩树木的葱茏，花草的芬芳；我们感恩清风的多情，雨水的滋润；我们感恩生命的伟大，生活的美好；我们感恩老师的教导，朋友的关爱；我们感恩父亲的坚强，母亲的辛劳……我们感恩我们所感受的一切！永远以一颗感恩的心，对待每一个日子，无论是风雨或是阳光，只要心存感恩就够了。岁月最大的赐予，便是使我们慢慢孕育出一颗珍珠般柔和的感恩的心！

　　在一个劳改农场，有一次送来一个犯人，当他看到别人的家人隔三岔五地来看望，他十分羡慕，于是便往家里写信，每月几块钱的劳改金都用在买信封和邮票上，可是，半年过去了，他的家人还是没有来，最后他终于急了，给家里写了一封绝交信。

　　他的爹娘就他一个孩子，其实早就想来看他了，只因为家中实在太穷，两人几十元的路费都借不来。当他们接到娃儿的绝交信的时候，再也坐不住了，经过一番认真的考虑和准备，决定去看儿子。

　　他们把家里的板车弄了出来，把家里仅有的一条稍新点的被子铺到车上，然后向劳改农场出发。在路上，老两口始终保持一个拉车，另一个在车上休息，谁累了谁歇，但板车不能停。他爹不忍心让他娘累到，就埋头拉车，被催得急了，才换班歇歇。就这样，100多里的路程，他们走了三天两夜才到达。

　　劳改农场和监狱不一样，在那里，一个犯人的家属来看望，一圈犯人围着看情况，早已司空见惯，所以，该犯人的家属来看望的时候，很多犯人都在场。得知老两口从百里之外徒步来看儿子，在场的人都为之震惊了！尤其看到那双磨破的鞋中探出的黑色脚趾，围观的犯人都掉了泪，连管教干部也转过身去擦眼睛，这时，只听扑通一声，这个犯人重重地跪在了爹娘面前。

父母临走的时候费力地从板车上拖下了一个大麻袋，说是娃儿在这干活改造怕他吃不饱，给他留点吃的，等儿子饿的时候慢慢吃。

看着老人一步三回头渐渐远去的背影，犯人还在地上跪着，满面泪痕。其他犯人上前帮忙拾起麻袋。其中一个不小心，手没有抓住麻袋的扎口，麻袋掉在地上。一下子，一堆圆圆的东西欢蹦乱跳地滚了一地！我仔细一看，满地骨碌滚动的都是馒头，足足有几百个！大的、小的、圆的、扁的，竟然没有一个重样的——显然，它们并非出自一笼，而且这些馒头已经被晾得半干了。在场所有的犯人，也都齐齐地跪了下去！而犯人发出了撕心裂肺的喊声："爹娘，我改。"

不敢想象，老两口徒步百里看儿子的情景；更不敢想象，老两口是怎么挨家挨户讨要这么多的馒头！最让人心痛的是，怕儿子一时吃不完再坏了，他们一人拉车，一人在车上晾馒头……

这是怎样的爱啊！面对这样的爱，难道谁还能不心怀感恩改造自己？

其实生活中处处充满了感恩，怀着一颗感恩的心情来看待生活的点点滴滴，这样生活也会变得更加美好。我不会忽视每一道清晨的阳光，因为它带给我每一天新的希望；我不会忽视每一缕和煦的清风，因为它给我带来了惬意的凉爽；我不会忽视每一张对我展开的笑颜，因为它让我

成长中的智慧与哲理

的心也因此变得更加善良；因为感恩，我的心也时时被感动着，并且同样用我的爱心去回报这一切，一种说不出的喜乐与平安在我的心中激荡……

还有一个故事：一位小女孩与母亲吵架后愤然而跑。跑了很多很多的路后，小女孩来到一个点心摊前，摆摊的是一位慈眉善目的老妇人。小女孩感到饥渴难忍，她一摸口袋却身无分文。老人好像看出了小女孩的心思，便请她吃了一碗馄饨。吃着热气腾腾的馄饨，小女孩百感交集，泪水不由自主地涌了出来。老妇人连忙问是怎么回事。小女孩说："我们不认识，你却待我这么好，愿意煮馄饨给我吃；我妈妈却和我吵架，把我赶出来……"老妇人听了，平静地说："孩子，你怎么会这样想呢？你想想看，我只不过煮了一碗馄饨给你吃，你就这么感激我；而你妈妈煮了十多年的饭给你吃，你怎么不感激她呢？你怎么还要跟她吵架？"女孩愣住了。当她匆匆吃完馄饨，跑到家附近时，一下就看到疲惫不堪的母亲正在路口四处张望……看到女儿后，母亲脸上立显喜色："赶快过来吧，饭早就做好了，你再不回来吃，都要凉了！"这时，女孩的眼泪又开始掉下来了！是啊，有时我们会对别人给予的小恩小惠"感激不尽"，却对亲人一辈子的恩情"视而不见"。

你感恩生活，生活将赐予你灿烂的阳光；你不感恩，只知一味地怨天尤人，最终可能一事无成！成功时，感恩的理由固然能找到许多；失败时，不感恩的借口却只需一个。殊不知，失败或不幸时也应该感恩生活。

当我们渐行渐远的脚印刻在成长的路程中时，我们因为感恩而表现得更为坚定和自信。即使挫败，生命一样奏响高昂的乐章。只要在心的晴空里，感恩的花朵在绽放，太阳会演绎出许多新的故事，和风细雨能编织出许多真纯唯美的诗章。

只要心存感恩，我们就足够了。

岁月最大的赐予，便是使我们慢慢孕育出一颗珍珠般柔和感恩的心！

第十章

不要被困难吓着

生命中的金牌

金蒙特为参加奥运会预选赛做准备,大家都认为她一定能成功。

她当时的生活目标就是得奥运会金牌,然而,1955 年 1 月,一场悲剧使她的愿望成了泡影。

在奥运会预选赛最后一轮比赛中,金蒙特沿着大雪覆盖的罗斯特利山坡开始下滑,没料到,这天的雪道特别滑,刚过几秒钟,便发生了一场

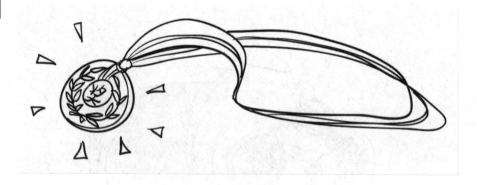

意想不到的事故。她先是身子一歪,而后就失去了控制,像匹脱缰的野马,直往下冲。她竭力挣扎着想摆正姿势,可无济于事,一个个的跟头把她无情地推下山坡。在场的人都睁大眼睛紧张地注视着这一幕,心几乎提到了嗓子眼。

当她停下来时已昏迷了过去。人们立即把她送往医院抢救,虽然最终保住了性命,但她双肩以下的身体却永久性瘫痪了。

金蒙特认识到活着的人只有两种选择:要么奋发向上,要么灰心丧气。她下决心奋发向上,因为她对自己的能力仍然坚信不疑。她千方百计使自己从绝望的痛苦中摆脱出来,去从事一项有益于公众的事业,以建

立自己新的生活。几年来,她整日和医院、手术室、理疗、轮椅打交道,病情时好时坏,但她从未放弃过对有意义的生活的不懈追求。

历尽艰难,金蒙特学会了写字、打字、操纵轮椅、用特制汤匙进食。

她在加州大学洛杉矶分校选听了几门课程,决心今后当一名教师。

想当教师,这可真有点不可思议,因为她既不会走路,又没受过师范训练。她向教育学院提出申请,但系主任、学校顾问和保健医生都认为她不适合当教师。录用教师的标准之一是要能上下楼梯走到教室,可她做不到。

此时,金蒙特的信念就是要成为一名教师,任何困难都不能动摇她的决心。

1963 年,她终于被华盛顿大学教育学院聘用。由于教学有方,很快得到了学生们的尊敬和爱戴。她教那些对学习不感兴趣、上课心不在焉的学生也很有办法。她向青年教师传授经验说:"这些学生也有感兴趣的东西,只不过和大多数人不一样罢了。"

金蒙特终于获得了教授阅读课的聘任书。她酷爱自己的工作,学生们也喜欢她,师生间互相帮助、互相进步。

后来,她父亲去世了,全家不得不搬到曾拒绝她当教师的加利福尼亚州去。

她向洛杉矶学校官员提出申请,可他们听说她是个"瘸子",就一口回绝了。金蒙特是一个下了决心就不会轻易放弃努力的人,她打算向洛杉矶地区的 90 个教学区逐一申请。在申请到第 18 所学校时,已有 3 所学校表示愿意聘用她。学校对她要走的一些坡道进行了改造,以适于她的轮椅通行,这样,从家里坐轮椅到学校教书就不成问题了。另外,学校还破除了教师一定要站着授课的规定。

从此以后,金蒙特一直从事教师职业。暑假里她访问了印第安人的居民区,给那里的孩子补课。

从 1955 年到现在,很多年过去了,金蒙特从未得过奥运金牌,但她的确得了一块金牌,那是为了表彰她的教学成绩而授予的。

塞·约翰逊说:"悲伤是一种心灵上的锈斑,新的思想会把它逐渐铲除。"乐观地面对生活,才能愉快地迎接生活的挑战。

 # 困境中的拿破仑

拿破仑出生于穷困的科西嘉没落贵族家庭,他父亲送他进了一个贵族学校。他的同学都很富有,大肆讽刺他的穷苦。拿破仑非常愤怒,却一筹莫展,屈服在威势之下。就这样他忍受了足足5年。但是这5年中的每一次嘲笑、每一次欺侮、每一次轻视,都使他暗暗下定决心,发誓要让那些人看看他确实是高于他们的。

但是仅有决心还不够,还必须拿出实际行动。为此拿破仑心里暗暗计划,决定利用这些没有头脑却傲慢的人作为桥梁,使自己获得财富、名誉和地位。

在他16岁当少尉的那年,他遭受了另外一个打击,那就是他父亲的去世。在那以后,他不得不从很少的薪金中省出一部分来帮助母亲。当他接受第一次军事征召时,必须步行非常远的距离去部队。

等他到了部队时,看见他的同伴和在学校里的同学一样,用多余的时间追求女人和赌博。在部队里,他那不受人喜欢的体格使他没有资格得到本该得到的职位,同时,他的贫困也使他失掉了争取到的职位。于是,他改变方针,用埋头读书的方法去努力和他们竞争。读书和呼吸一样是自由的,因为他可以不花钱在图书馆里借书读,这使他得到了很大的收获。

他并不是读没有意义的书,也不是专以读书来消遣自己的烦闷,而是为自己的理想做准备。他下定决心要让全天下的人知道他的才华。因此,他在选择图书时,也就是以这种决心来控制范围。他住在一个既小又闷的房间内,在这里,他脸无血色,孤寂、沉闷,但是他却不停地读下去。就在这样的条件下,拿破仑凭着坚持不懈的恒心,认真地读了几年书。

通过几年的刻苦攻读,他从书本上所摘抄下来的记录,经后来印刷出来的就有 400 多页。他想象自己是一个总司令,将科西嘉岛的地图画出来,运用数学的方法精确地计算出哪些地方应当布置防范。这使他第一次有机会表现他自己的才华。

他的长官看见拿破仑的学问很好,便派他在操练场上执行一些有极强的计算能力的工作。他的工作做得很好,于是他获得了新的机会,拿破仑开始走上有权势的道路了。

后来,一切的情形都改变了。从前嘲笑他的人,现在都涌到他面前来,想分享一点他得到的奖金;从前轻视他的人,现在都希望成为他的朋友;从前说他是一个矮小、无用、死用功的人,现在也都改为尊重他。他们都变成了他的忠心拥戴者。

第十章
不要被困难吓着

　　雨果说:"所谓活着的人就是不断挑战的人,不断攀登命运险峰的人。"

不要被风雪吓倒

那天的风雪真大，外面像是有无数发疯的怪兽在呼啸厮打。雪恶狠狠地寻找袭击的对象，风呜咽着四处搜索，从屋顶从看不见缝隙的墙壁鼠叫似的吱吱而入。

大家都在喊冷，读书的心思似乎已被冻住了，只剩下一屋的跺脚声。

鼻头红红的布鲁斯老师挤进教室时，等待了许久的风席卷而入，墙壁上的《世界地图》一鼓一顿，开玩笑似的卷向空中，又一个跟头栽了下来。

往日很温和的布鲁斯先生一反常态:满脸的严肃庄重甚至冷酷，一如室外的天气。

乱哄哄的教室静了下来,学生们惊异地望着布鲁斯先生。

"请同学们放好书本，我们到操场上去。"

几十双眼睛在问。

"因为我们要在操场上立正5分钟。"

即使布鲁斯老师下了"不上这堂课,永远别上我的课"的恐吓之词,还是有几个娇滴滴的女生和几个很壮的男生没有出教室。

操场在学校的东北角,北边是空旷的菜园,再北是一口大塘。

那天,操场、菜园和水塘被雪连成了一个整体。

矮了许多的篮球架被雪团打得啪啪作响,卷地而起的雪粒雪团呛得人张不开口。脸上像有无数把细窄的刀在拉在划,厚实的衣服像铁块冰块,脚像是踩在带冰碴的水里。

学生们挤在教室的屋檐下,不肯迈向操场半步。

布鲁斯先生没有说什么,面对学生们站定,脱下羽绒衣,线衣脱到一半,风雪帮他完成了另一半。"在操场上去,站好。"布鲁斯先生脸色苍白,一字一顿地对学生们说。

谁也没有吭声,学生们老老实实地到操场排好了三列纵队。

瘦削的布鲁斯先生只穿一件白衬褂,衬褂紧裹着的他更显单薄。

学生们规规矩矩地立着。

5 分钟过去了,布鲁斯先生平静地说:"解散。"

回到教室,布鲁斯先生说:"在教室时,我们都以为自己敌不过那场风雪,事实上,叫你们站半个小时,你们也顶得住,叫你们只穿一件衬衫,你们也顶得住。面对困难,许多人戴了放大镜,但和困难拼搏一番,你会觉得,困难不过如此……"

学生们很庆幸,自己没有缩在教室里,在那个风雪交加的时候,在那个空旷的操场上,他们学到了人生重要的一课。

许多人因为畏惧困难,停止了前进的脚步;而成功的人士知道,只要敢于和困难搏斗,就会发现,困难不过如此!

 庄稼的启示

一个老农种了两片庄稼地,一片在东南,一片在西北,相距甚远。

这一年,幼苗刚长成,恰逢扎根期,东南一片有雨,而西北一片则滴雨未见。扎根期过去之后,东南与西北的气候相同,有许多人认为东南片的庄稼一定优质高产,因为它的幼苗期环境优越。

但事实恰恰相反,到年底西北片的庄稼亩产1000斤,而东南片的庄稼亩产才800斤。

有许多人不解,就找老农去询问,老农听后哈哈一笑说:"道理很简单。西北片的庄稼幼时少雨,看似不利,但因为少雨,庄稼为了生存,就把根扎得很深很

牢。到后来,在相同的条件下,根扎得深的庄稼,就能汲取到更多更丰富的营养,也难怪它们会优质高产。"

老农的话很平淡,但含义何其深刻。

由此,我终于明白:为什么许多伟人幼年困顿,却终有所成;而不少幼年幸福的人,却一生平庸。

原来,苦难有时并不是不幸,而恰是上天给我们的恩赐。正是这些苦难,促使我们不断挖掘生命潜能,主动汲取人类的智慧,丰富自己,博大心胸,将生命的根扎得很深也很牢,为日后的脱颖而出打下了坚实的基础。

而那些从小就际遇颇佳的人,由于整天的生活过于舒适,难免消沉了意志,丧失了斗志,空耗了时光,浪费了精力,到头来反而一无所成。

苦难有时并不是不幸,而恰是上天对我们不畏艰险勇于攀登的奖励。

铁匠的儿子

在伊朗德黑兰东南 100 公里的阿拉丹村，有一个贫穷的铁匠，他有 7 个子女，为了能让孩子们活下去，这位父亲整天要不停地打铁。

有一个孩子特别懂事，7 岁那年，他就成了父亲的帮手。每天，他都要站在火红的铁炉前给父亲当助手，铁锤的敲击声伴他度过了童年岁月，贫穷的日子如同火与铁，铸就了他坚强的性格。

为了能让孩子们有更多机会，铁匠父亲把家从乡下搬迁到了德黑兰南部的贫民窟。虽然家境贫寒，但父亲不再让他打铁，毅然把他送到学校去读书。虽然吃不饱饭、没有衣服穿，但一想到艰辛打铁的父亲，他就充满了学习的热情。每天放学后，他仍像从前一样与父亲一起抡铁锤。他从不把贫穷当成可耻的事，而是作为奋斗的理由。从小学到高中，他一直力争成为同学中最优秀的。老师和同学们也没有因贫穷而看不起他，反而都夸他是"坚强的铁匠儿子"。

19 岁时，他在全国高考中以第 130 名的成绩考入伊朗科技大学，攻读土木工程专业，他是这所学校里最贫穷的大学生，他同时也是所有学生里最勤奋的一个。天道酬勤,1997 年,他获得交通运输工程博士学位。

贫穷也塑造了他为人朴实、平易近人和善良的性格。每到新年,他都会邀请邻居们一起庆祝。他生活简朴,每天上班时自带午饭,他经常出入大街小巷,了解百姓生活,尽管自己也不富裕,却塞钱给肉铺老板,要对方打折卖肉给其他穷人。2003 年 4 月,他成为德黑兰市市长,2005 年 6 月 25 日,在伊朗总统竞选中,这个铁匠的儿子以高票当选新一届总统。

这个孩子名叫艾哈迈迪·内贾德。

内贾德当选总统后,他的财产清单更是震惊了全世界:一套住了 40 年,连沙发都没有的老房子,一辆近 30 年,连空调都没有的老爷车,两部电话,两张数字为零的活期存折——这就是他的全部家当!

人们总是害怕贫穷,因为它是一种困境,但对那些坚强乐观的人却是一种成长的佳境。贫贱不能移的态度,最终造就了内贾德,使一个铁匠的儿子一步步成长为总统。

 别针的发明

1840 年,有一个叫亨特的美国青年爱上了一个中产阶级家庭的姑娘玛格瑞特,他诚恳地上门请求玛格瑞特的父亲把女儿嫁给他,但是玛格瑞特的父亲不想让自己的女儿嫁给这个穷小子,于是答复他:"如果你 10 天内能够赚到 1000 美元,我就同意你们两个的婚事。"

亨特告别回家后立刻陷入了苦闷当中,1000 美元对于他这个穷家伙简直是一个天文数字,他也没有可以借钱的亲戚。他感到自己可能不得不和心爱的女朋友分手了,十分痛苦。为了争取到玛格瑞特,也为了争一口气,让玛格瑞特的父亲不再小看自己,他冥思苦想,终于想出如果做出一个发明创造,就可能在 10 天内赚到这么多钱,但是发明什么呢?

亨特废寝忘食地寻找发明目标，并绞尽脑汁地去试验，爱情和自尊使他很快找到了突破口：他发现人们在欢庆的场合都习惯用大头针在衣服的前襟上别一朵花，可是大头针很不安全，经常会把手或皮肤扎伤，有时还会自己脱落。亨特找到了灵感，他想："如果在这上面多折一道铁丝，再把口做成可以封住的，不就方便安全得多了吗？"他剪下两米左右的铁丝试做。就这样，他设计出了现代使用的别针原型。

　　大功告成之后，亨特飞奔到专利局，申请了专利。当制造商问亨特，这个发明转让要多少钱时，亨特一心只想把玛格瑞特娶到手，因此毫不犹豫地回答：1000美元。制造商当即买下了专利。亨特拿着1000美元的支票跑到玛格瑞特家。玛格瑞特的父亲听完亨特讲述赚钱的过程后，先是笑了一下，随即大骂："你这个笨蛋！"原来他嫌亨特太老实，这样的发明至少值10万美元以上，后来事实也证明果真如此。但最后亨特还是获准和自己心爱的人结婚了。

　　对于生活的强者来说，逆境从来都是奋发的动力。只要肯努力，善动脑，就往往能够很快找到解决问题的办法，克服生活中的障碍。

第十一章

行动从此刻开始

趁着今天的大好时光

在古老的原始森林,阳光明媚,鸟儿欢快地歌唱,辛勤地劳动,其中有一只寒号鸟,有着一身漂亮的羽毛和嘹亮的歌喉,更是到处游荡卖弄自己的羽毛和嗓子。看到别人辛勤地劳动,反而嘲笑不已,好心的鸟儿提醒它说:"寒号鸟,快垒个窝吧!不然冬天来了怎么过呢?"

寒号鸟轻蔑地说:"冬天还早呢?着什么急呢!趁着今天的大好时光,快快乐乐地玩玩吧!"

就这样,日复一日,冬天眨眼就到来了。鸟儿们晚上都在自己暖和的窝里安详地休息,而寒号鸟却在夜间的寒风里,冻得瑟瑟发抖,用美丽的歌喉悔恨过去,哀叫未来:"抖落落,抖落落,寒风冻死我,明天就垒窝。"

第二天,太阳出来了,万物苏醒了。沐浴在阳光中,寒号鸟好不得意,完全忘记了昨天晚上的痛苦,又快乐地歌唱起来。

有鸟儿劝它:"快垒窝吧!不然晚上又要发抖了。"

寒号鸟嘲笑地说:"不会享受的家伙。"

晚上又来临了,寒号鸟重复着昨天晚上的故事。就这样重复了几个晚上,大雪突然降临,鸟儿们奇怪寒号鸟怎么不发出叫声了呢?太阳一出来,大家一看,寒号鸟早已被冻死了。

今天是最珍贵的,把握好今天,不要白白浪费。寄希望于明天,一定要在"今天"创造成功事业的奠基石。

 ## 一分钟可以做很多事情

著名教育家本杰明曾经接到一个青年人的求教电话,并与那个向往成功、渴望指点的青年人约好了见面的时间。

待那个青年人如约而至时,本杰明的房门大敞开着,眼前的景象却令青年人颇感意外:本杰明的房间里乱七八糟、狼藉一片。

没等青年人开口,本杰明就招呼道:"你看我这房间,太不整洁了,请你在门外等候一分钟,我收拾一下,你再进来吧。"一边说着本杰明就轻轻地关上了房门。

不到一分钟的时间,本杰明就又打开了房门,并热情地把青年人让进客厅。这时,青年人的眼前展现出另一番景象:房间内的一切已变得井然有序,而且有两杯刚刚倒好的红酒,在淡淡的香水气息里还漾着微波。

可是,没等青年人把满腹的有关人生和事业的疑难问题向本杰明讲出来,本杰明就非常客气地说道:"干杯!你可以走了。"

青年人手持酒杯一下子愣住了,既尴尬又非常遗憾地说:"可是,我……我还没向您请教呢……"

"这些……难道还不够吗?"本杰明一边微微笑着一边扫视着自己的房间,轻言细语地说,"你进来又有一分钟了。"

"一分钟……一分钟……"青年人若有所思地说,"我懂了,您让我明白了一分钟的时间可以做许多事情,可以改变许多事情的深刻道理。"

本杰明舒心地笑了。青年人把杯里的红酒一饮而尽,向本杰明连连道谢后,开心地走了。

一分钟的时间可以做许多事情,可以改变许多事情。把握好了生命的每一分钟,你就把握了理想的人生。

 ## 把握住现在

世界上有三种人:第一种人是感伤者,第二种人是空想家,第三种人是实干家。我们应该做哪一种人呢?

一位哲学家途经荒漠,看到一座很久以前的城池的废墟。岁月已经让这个城池显得满目沧桑了,但仔细地看却依然能辨析出昔日辉煌的风采。哲学家想在此休息一下,他随手搬过来一个石雕坐下来。

他点燃一支烟,望着被历史淘汰下来的城垣,想象着曾经发生过的故事,不由得感叹了一声。

忽然，有人说："先生，你感叹什么呀？"

他四下里望了望，却没有人，他疑惑起来。那声音又响起来，端详那个石雕，原来那是一尊"双面神"神像。

他没有见过"双面神"，所以就奇怪地问："你为什么会有两副面孔呢？"

"双面神"回答说："有了两副面孔，我才能一面察看过去，牢牢地记取曾经的教训；另一面又可以展望未来，去憧憬无限美好的蓝图啊。"

哲学家说："过去的只能是现在的逝去，再也无法留住；而未来又是现在的延续，是你现在无法得到的。你却不把现在放在眼里，即使你能对过去了如指掌，对未来洞察先知，又有什么具体的实在的意义呢？"

"双面神"听了哲学家的话，不由得痛哭起来，他说："先生啊，听了你的话，我才明白，我今天落得如此下场的根源。"

哲学家问："为什么？"

"双面神"说："很久以前，我驻守这座城时，自诩能够一面察看过去，一面又能展望未来，却唯独没有好好地把握住现在。结果，这座城池被敌人攻陷了，美丽的辉煌却都成为了过眼云烟，我也被人们唾弃于废墟中了。"

世界上有三种人：第一种人只会回忆过去，在回忆的过程中体验感伤；第二种人只会空想未来，在空想的虚幻中不务实际；第三种人是注重现在，脚踏实地，慢慢积累，一步一步走向未来。第一种人是感伤者，第二种人是空想家,第三种人是实干家。我们应该做哪一种人呢?

未到来的将来,无从珍惜;已逝去的过去,只能回忆;只有现在,才真真正正在我们的手里,也只有把握好现在,才能对得起过去,赢得将来。

梦想的实现需要实际的行动

戴尔到美国南方乡村搞福利工作。他要做的就是让每个人相信自己有自给自足的能力,并激励他们去实现自己的想法。

当戴尔来到一个叫密阿多的小镇后,当地政府帮他召集了 25 个靠政府福利生活的穷人。戴尔和他们一一握手后,问他们的第一个问题是:"你们有什么梦想?"每个人都用怪异的眼神看着戴尔,好像他是外星人一样。

"梦?我们从来不做梦。做梦又不能让我们发财。"其中一个红鼻子寡妇回答道。

戴尔耐心地解释道:"有梦想不是做梦。你们肯定希望得到些什么,希望什么事情能突然实现,这就是梦想。"

红鼻子寡妇说:"我不知道你说的梦想是什么东西。我现在最想赶走野兽,因为它们总是想闯进我家咬我的孩子。"

大家都笑了起来。

戴尔说:"哦! 你想过什么办法没有? "

她说:"我想装一扇牢固的、可以防御野兽的新门,这样我就可以出去安心干活了。"

戴尔问:"有谁会做防兽门吗? "

人群中一个有些秃顶的瘸腿男人说:"很多年以前我自己做过门,现在恐怕都不会了。不过我可以试试。"

接着,戴尔问大家还有什么梦想。

一位单亲妈妈说:"我想去大学里学文秘,可是没有人照顾我的 6 个孩子。"

戴尔问:"有谁能照顾 6 个孩子? "

一位孤寡老太太说:"我以前帮助别人带过不少孩子,我想自己能带好那些可爱的小家伙。"

戴尔给那个秃顶男人一些钱去买材料和工具,然后让这些人解散了。

一星期后,戴尔重新召集那些穷人。他问那个红鼻子寡妇:"你家的防兽门装好了吗? "

红鼻子寡妇高兴地说:"我再也不用在家守护我的孩子了,我有时间去实现我的梦想了。"

接着,戴尔问秃顶男人感想如何。他对戴尔说:"很多年前我给自家做过防兽门,当时做得也不好,后来我就再也没有做过。这次我想一定要做好,结果真的做好了。许多人都说我很了不起,能做那么结实漂亮的门。"

很多人穷尽一生都没有实现梦想的原因,并不是这些人没有本事,而是他们故步自封,不愿意去尝试,或者不愿意去努力。

想到的事情就马上去做

台湾一个电子工程系的毕业生,平生最爱读魔幻小说,在读完英文版的魔幻小说后,发现台湾中文译本简直不忍卒读,于是一本写信给出版社,要求推倒重译,并自荐担此重任。由于他慷慨地表示,如果重译本

销售量不到1万册,他分文不取,出版社竟真的与这个冒失的读者签订了翻译合同。结果就像所有童话故事里的情节一样,重译本风行天下,电工小子一夜之间赚进了数百万元的资产。

一切都在他毅然把信投到邮筒的那一刻起改变了。不喜欢最初译本的一定不止他一个,而其中曾经灵光乍现、产生过自己重新翻译念头的也应该不止他一个,不同的是,他想到了,并且去做了。

和他同龄的一个服装设计系毕业的学生,现在从事着自己所不喜欢的市场推广工作。她有强烈地设计饰品的愿望,不过在激情四溢地演讲完自己的想法后,她马上又接着说:"现在时装饰品的竞争也经很激烈了,现在创业已经比别人晚了一步。再说,做本土的品牌很难出头……"就这样,她一边点燃灵光的火苗,一边又毫不留情掐灭了它。

仅仅有想法还远远不够的,一切理想的达成、目标的实现都有赖于行动。你必须付出行动,迈出步伐,才可能达到你想去的地方。